DOMINIQUE LORMIER

HISTOIRES EXTRAORDINAIRES ET MYSTÉRIEUSES DE L'HUMANITÉ

Dominique Lormier

Historien et auteur de plus de 150 ouvrages, membre de l'Institut Jean Moulin, lieutenant-colonel de réserve, chevalier de la Légion d'Honneur, **Dominique Lormier** collabore à diverses revues spécialisées.

Histoires extraordinaires
et mystérieuses de l'humanité

Publié par Le Retour aux Sources
www.leretourauxsources.com

© Le Retour aux Sources – Dominique Lormier – 2020

Tous droits réservés. Aucune partie de cette publication ne peut être reproduite par quelque moyen que ce soit sans la permission préalable de l'éditeur. Le code de la propriété intellectuelle interdit les copies ou reproductions destinées à une utilisation collective. Toute représentation ou reproduction intégrale ou partielle faite par quelque procédé que ce soit, sans le consentement de l'éditeur, de l'auteur ou de leur ayants cause, est illicite et constitue une contrefaçon sanctionnée par les articles L-335-2 et suivants du Code de la propriété intellectuelle.

INTRODUCTION	11
I.	13
LE CHAMANISME	13
II.	26
ATLANTIDE ET MU	26
III.	31
LES MAYAS	31
IV	43
LA MÉSOPOTAMIE	43
V	50
L'ÉGYPTE DES PHARAONS	50
VI	57
ORACLES DE LA GRÈCE ET DE LA ROME ANTIQUES	57
VII	68
L'ÎLE DE PÂQUES	68
VIII	73
LE TRIANGLE DES BERMUDES	73
IX	79
LE MONSTRE DU LOCH NESS	79
X	85
LE YÉTI	85
XI	93
LES LAMAS TIBETAINS	93
XII	132
STONEHENGE	132
XIII	137
LES MANUSCRITS DE LA MER MORTE	137
La découverte des Manuscrits	146

Le contenu et la classification des textes	*156*
Lecture et datation des textes	*168*
Le site archéologique de Quram	*175*
Le judaïsme et les Esséniens	*201*
DU MÊME AUTEUR	**217**
LE RETOUR AUX SOURCES ÉDITEUR	**227**

INTRODUCTION

Le chamanisme, les civilisations disparues de l'Atlantide et du Mu, les Mayas, la Mésopotamie, l'Égypte des Pharaons, les oracles de la Grèce et de la Rome antiques, les statues de l'île de Pâques, le triangle des Bermudes, le monstre du Loch Ness, le yéti, les lamas tibétains, Stonehenge, les manuscrits de la mer Morte demeurent sur bien des points des mystères de l'humanité, dont cet ouvrage, documenté et captivant, tente d'apporter les réponses les plus plausibles.

Depuis des millénaires, l'humanité recèle d'histoires énigmatiques qui nous permettent d'aller au-delà de préjugés et des idées étroites. Comme l'a souligné Marcel Camus, le sentiment de l'absurde naît de la confrontation de l'irrationnel au désir éperdu de clarté dont l'appel résonne au plus profond de l'homme. On se laisse gagner par la sagesse de récits, où se côtoient des lieux énigmatique et sacrés, des civilisations perdues ou cachées, des mystères relatifs à des phénomènes inexpliqués ou encore des créatures étranges apparues à quelques-uns pour faire enfler la rumeur et créer la légende...

Ces histoires, souvent ahurissantes et fantastiques, retracent les origines des grands mythes, relatent les faits plus ou moins avérés, rapportés depuis des lustres et que rien ne pourra jamais démentir.

I

LE CHAMANISME

Les origines de la prophétie remontent au plus lointain passé de l'humanité spirituelle, à travers le chamanisme, croyance animiste en un monde peuplé d'esprits, qui représente la plus ancienne religion. Les origines du chamanisme sont enfouies dans le passé des hommes, à l'époque des chasseurs cueilleurs de la préhistoire, précédant l'écriture de plusieurs millénaires.

« Le chaman, écrit Karren Farrington, est au cœur de toutes les cultures tribales du monde. C'est à la fois un faiseur de miracles, un mystique, un médium, un spirite, un exorciste, un diseur de bonne aventure, un conteur et un météorologue. Il représente le cœur battant d'une communauté, qui nourrit l'âme de son peuple.

« Le chamanisme remonte à l'aube de l'humanité. On le décrit parfois comme étant « la plus vieille profession du monde ». Certains archéologues ont en effet trouvé des preuves de réelles pratiques chamaniques vieilles d'au moins 20 000 ans.

« Des sociétés chamaniques existent ou ont existé en Amérique du Nord et du Sud, en Alaska, en Sibérie, en Asie, en Australie, en Afrique et même en Europe. Les rites et les cérémonies varient, mais l'essence de chaque courant de chamanisme reste en gros le même. »[1]

Le chaman représente le lien entre le monde et le cosmos. Cette position ne manque pas de prestige, où il n'y pas de place pour les simulateurs. On devient chaman parce que l'on est le fils d'un chaman et que l'on a hérité de ses pouvoirs, ou parce que l'on a été appelé à cette vocation par les esprits. On ne peut pas résister aux messages des esprits, qui peuvent être transmis lors des rêves notamment. On suit un programme de formation, dirigé par un chaman aîné, qui comporte une période d'isolement et des instructions données par un esprit. Pour être initié, le candidat doit rentrer en transe, puis subit une mort et un démembrement symboliques suivis d'une renaissance. Pour recevoir son savoir, un chaman doit effectuer plusieurs voyages spirituels vers les cieux ou l'au-delà. Il entre en transe au son des battements de tambours, de chants ou de danses rythmées. Certains atteignent l'état de conscience modifiée nécessaire en s'isolant pour prier et méditer dans un bain de vapeur traditionnel, sorte de sauna extérieur. D'autres jeunes ou s'alimentent de drogues hallucinogènes. Les Indiens huichols du Mexique mangent le faîte d'une puissant cactus peyote pour atteindre l'état d'esprit nécessaire.

---

[1] Karren Farington, *La vie dans le monde du surnaturel, le royaume des phénomènes paranormaux*, éditions Celiv 1997.

Lorsque le corps du chaman est inerte, son esprit est libre de voler vers la destination céleste désirée. La tâche du chaman consiste parfois à sauver une âme perdue pour cause de magie noire, ou encore à aider l'âme d'un mort à atteindre le ciel. Les chamans tissent des liens remarquables avec la nature, comprennent le langage et le besoin des animaux et des plantes. Évoluant dans un monde peuplé d'esprits, le chaman décide lesquels sont utiles et bons et lesquels sont malveillants et malfaisants.

Le chamanisme repose sur une conception dualiste où deux univers coexistent : le monde visible et quotidien, où se trouvent les êtres humains et les diverses espèces vivantes de la terre, et le monde invisible et sacré, domaine des dieux, des esprits et des âmes, libérées de leur enveloppe charnelle. La communication avec cet autre monde et la fonction du chaman. Par diverses pratiques, telles la méditation, la prière, les rituels, la transe ou l'extase, il devient le médiateur entre les deux mondes, afin d'intercéder en faveur des humains, pour obtenir une guérison, annoncer un message de l'au-delà, purifier les âmes, interpréter les signes envoyés par les esprits. Le chaman possède une véritable fonction sociale au sein du groupe. Plus qu'un simple guérisseur et devin, il est consulté dès qu'une décision importante doit être prise en faveur de la communauté. Avec ses rites, ses croyances et son sens profond du sacré, le chamanisme est une religion à part entière en Afrique, en Asie, en Amérique et dans d'autres contrées. Aux États-Unis, les chamans indiens subsistent parallèlement à la puissante implantation du christianisme.

Les religions africaines traditionnelles se sont regroupées sous le terme d'animisme, spiritualité proche du chamanisme indien. Au sommet se trouve un Dieu qui n'intervient dans le temporel que par le biais de divinités présentent dans l'environnement quotidien. Ces divinités masculines ou féminines possèdent des qualités particulières et sont souvent symbolisées par des éléments naturels. Tel arbre, tel animal ou rocher est considéré comme sacré, car enfermant l'esprit d'une divinité. Le surnaturel existe dans la nature et le spirituel est omniprésent. La communication avec ces esprits s'établit au moyen des rites spécifiques, où la magie est pratiquée par un sorcier. Les ancêtres sont également considérés comme des divinités à part entière. Lors de la mort, l'âme du défunt quitte le corps matériel pour rejoindre la force cosmique dont elle est issue. De là, elle protège sa famille et veille à ce que celle-ci respecte les rites et les traditions.

« Bien que la prophétie dans le sens le plus large fasse partie de l'art du chaman, écrit Tony Allan, la prédication des événements à venir ne jouait qu'un rôle limité dans ce qu'il (ou plus rarement elle) proposait d'accomplir. Tous les chamans revendiquaient l'accès à des informations hors de portée du commun des mortels. Les chamans obtenaient cette connaissance des esprits qu'ils rencontraient au cours de leurs voyages : c'étaient des voyageurs spirituels, dont l'âme quittait le corps. Leurs voyages les emmenaient parfois au royaume des dieux ou dans les lointaines contrées du monde réel, d'où ils rapportaient des informations susceptibles de profiter au bien du village ou de la tribu. »[2]

Le procédé qui permet aux chamans de voyager dans l'au-delà est l'état de transe qu'ils atteignent par divers moyens suivant les contrées. La musique et la danse, ainsi que des substances hallucinogènes sont régulièrement utilisées. Au Mexique, les guérisseuses prennent des champignons psilocybes, tandis que les Yanomanis de la forêt amazonienne font usage de poudres diverses, dont une extraite de l'écorce séchée d'un arbre, le virola.

L'histoire inuite de Sedna, la déesse de la mer dans l'Arctique, illustre parfaitement les liens entre le divin et l'humain par le chamanisme. Les chasseurs inuits dépendent de l'approvisionnement en gibier pour survivre au long hiver arctique. Lorsque le gibier se fait rare, on estime que Sedna se trouve en colère, offensée par la mauvaise conduite des Inuits. Le chaman local entreprend alors un long voyage spirituel au foyer de Sedna au fond de la mer. Tandis que les habitants du village chantent et psalmodient pour l'aider dans son voyage, le chaman entre en transe prolongée, entreprenant une quête au long de laquelle il risque de rencontrer des obstacles redoutables. À son arrivée, il doit apaiser la déesse et la persuader de relâcher le gibier dont les villageois ont besoin. Si il y parvient, la communauté peut espérer une chasse fructueuse dans les mois à venir. Le chaman est bien entendu honoré pour la tâche vitale qu'il vient de réaliser.

---

[2] Tony Allan, *Le Livre des prophéties*, éditions Gallimard 2002.

La garantie de fournir du gibier en des temps de besoin n'est qu'une des nombreuses fonctions des chamans du monde entier. La guérison des âmes et du corps reste leur tâche principale avec la prophétie et la pratique des arts divinatoires. Guérisseur reconnu, le chaman est le médecin des sociétés primitives, voyageant en transe pour découvrir les causes et les remèdes des maladies et des calamités. Il rapporte également des informations sur le devenir des personnes disparues, fait tomber la pluie en cas de sécheresse, aide les guerriers à remporter la victoire en temps de guerre et peut voyager dans le temps, pénétrant le futur pour y découvrir l'issue d'une bataille ou d'une maladie.

« On retrouve les mémoires des voyages en transe des chamans dans toutes les anciennes descriptions de parole inspirée, écrit Tony Allan. Le point commun entre les prophètes hébreux et les oracles de l'âge du bronze en Afrique ou du Pérou antique se trouve dans cette tradition commune : celle d'individus d'exception capables d'atteindre temporairement des états visionnaires ou extatiques, au cours desquels le caché devient visible et l'inconnu est révélé. »[3]

En Afrique sont pratiquées les différentes formes de divinations issues du chamanisme. On a recours aux états de transe pour identifier les causes pathogènes et détecter les mauvais sorts. Il existe des augures qui scrutent les étoiles, surveillent le vol des oiseaux à la recherche de

---

[3] Tony Allan, op.cit.

présages. Tout comme dans le bouddhisme tibétain, le corbeau noir a une valeur symbolique importante, annonciatrice de bonnes nouvelles. On rencontre différentes formes de cristallomancie impliquant l'utilisation de bols remplis d'eau. Il existe des systèmes de tirage au sort élaborées. Il y eut jadis des oracles semblables à celui de Delphes. Un public nombreux fréquente les devins, comme des chefs de tribus désireux de connaître le moment propice à la célébration d'une cérémonie rituelle, au début des moissons. On y trouve également parmi les consultants les personnes victimes d'un revers de fortune, d'une maladie, inquiètent de leur avenir. Les problèmes de stérilité, de bétail malade et de possession par les esprits mauvais sont l'affaire du devin, dont le rôle est souvent comparable à celui du médecin et du prêtre en Occident.

Les Azandés, vivant à la frontière du Soudan et de la République centrafricaine, utilisent les termitières comme forme d'oracles. Lorsqu'il désirent trancher une question présentant deux issues possibles, les devins azandés insèrent une tige de chaque côté de la termitière qu'ils laissent toute la nuit. La réponse dépendra de la tige mangée par les termites. Si aucune des deux tiges n'a été entamée, on estime que les esprits se sont désintéressés de la question.

Chez les Dogons du Mali l'animal oraculaire est le renard des sables, prédateur nocturne et solitaire qui hante les abords des villages. Les devins tracent une grille sur un carré de terre réservé à cet usage, qu'ils divisent en sections plus petites correspondant chacune à une question particulière. Une fois la grille achevée, le devin récite une incantation destinée au renard et à l'esprit qu'il représente. Enfin, le devin répand, en guise d'appât, des cacahouètes sur les lignes de partage des sections. Le lendemain matin, le devin vient constater le résultat. Si aucun renard n'est venu ou si le mauvais temps a endommagé la grille, le résultat est annulé. Dans le cas contraire, le devin est en mesure de suivre les traces laissées par le renard dans les diverses sections. À l'image de l'augure romain examinant la manière dont les poulets se nourrissent, il se sert de ces traces comme base d'interprétation pour répondre aux questions des personnes venues le consulter.

On trouve au sud de l'Afrique une tradition préhistorique de tirage au sort à l'aide de quatre os ou quatre pièces d'ivoire, de corne ou de bois. Un unique jet fournit un total de seize réponses possibles aux questions posées. Chaque os est mâle ou femelle, majeur ou mineur. D'autres devins utilisent soixante osselets, dont chacun d'entre eux revêt une signification particulière. L'interprétation tient compte de la manière dont s'agencent les osselets en tombant, ainsi que de leur disposition les uns par rapport aux autres. Un procédé similaire est utilisé par les devins utilisant des coquillages qui président l'avenir sur les marchés d'Afrique de l'Ouest.

« La plus connue des traditions oraculaires d'Afrique est sans doute la méthode ife des Yorubas de l'ouest du Niger, du Bénin et du Togo, écrit Tony Allan. Les prêtres ifes ont recours à des noix de palme qu'ils lancent de main en main au-dessus d'une planche divinatoire recouverte de sciure. Ils inscrivent des annotations dans celle-ci en fonction du nombre de noix restant dans la main du premier lanceur après chaque tour. Il faut un total de huit inscriptions s'étalant sur deux colonnes de droite à gauche et de haut en bas. Chaque inscription consistant en un trait simple ou double, il y a seize combinaisons possibles. Chacune d'entre elles correspond à l'un des principaux odu ou esprits divinatoires, envoyés par le dieu Orunmila dans les temps anciens afin d'apporter la lumière aux hommes. Une fois que l'odu en question a été identifié, le devin et son consultant discutent ensemble du sujet de la consultation à la lumière des attributs divinatoires notoires de cet esprit. Le consultant bénéficie alors de la longue expérience du prêtre en matière de problèmes semblables, ainsi que du réconfort d'apprendre que le monde des esprits partage son souci de trouver une solution. »[4]

Les Indiens d'Amérique sont riches en chamans et autres prophètes capables de prédire l'avenir. Au XVIIe siècle, le sorcier Pueblo Popé engagea une révolte contre les colons espagnols dans l'actuel Nouveau Mexique. Il cherchait à rétablir l'équilibre qui avait existé dans le passé entre la terre et le ciel, tout en combattant le prosélytisme des colons espagnols. En 1680, grâce à ses prédiction, il parvint à chasser les colons de Santa Fé.

Plus au nord, à la frontière canadienne, le peuple des Delaware fournit divers prophètes tout au long de la seconde moitié du XVIIIe siècle, en réaction à l'invasion des colons blancs sur leurs terres. Le prophète Neolin aida le chef Ottawa Pontiac dans son attaque de Detroit en 1763.

---

[4] Tony Allan, op.cit.

Le prophète Wangomed, un Indien Munsee, transmit ses visions aux Indiens Ohio. Les prophètes Delaware avaient des visions et cherchaient à inspirer leur peuple, la prédication de l'avenir leur étant accessoire à leur message. Leur perspective du futur se rapportait toujours à une période idyllique avant l'arrivée des hommes blancs en Amérique.

En 1805, lors d'une épidémie, le prophète indien Tenskwatawa fit un rêve dans lequel il se voyait sur la route qu'empruntent les âmes après la mort. Le chemin se divisait et il suivit la piste la plus large. Celle-ci conduisait à une maison appelée Éternité. Dieu lui dit qu'il fallait s'aimer les uns les autres, ne pas se battre, ni voler, ni mentir. Tenskwatawa se mit ensuite à prêcher un code moral strict, bannissant l'alcool, la polygamie, la violence envers les femmes et les enfants, la fornication et la malhonnêteté. La vision de l'avenir que proposait Tenskwatawa reste bien ancrée dans la tradition amérindienne.

La situation des Amérindiens continua cependant de se détériorer tout au long du XIXe siècle, les colons blancs n'hésitant pas à les massacrer en de nombreuses occasions. On assiste à un véritable génocide des populations indiennes. En quatre siècles, la population indienne passe en Amérique de 7 millions d'individus à 400 000 en 1900. En 1820, le sorcier guérisseur Wanapum refusa de se plier au joug des Blancs tout en prônant une moralité stricte.

En juin 1876, Sitting Bull, chef des Sioux Lokata et visionnaire, se rendit au pied d'un affleurement rocheux escarpé dans la région de Power Rider au centre du Montana, à la recherche d'une vision. Le gouvernement des

États-Unis entendait déloger son peuple des terres sacrées et de leurs terrains de chasse ancestraux pour l'installer de force dans une réserve, dans le Dakota du Sud. Sitting Bull, alors âgé de 45 ans, avait besoin de conseils quant à la meilleure façon de réagir. Il alla prier dans les collines et finit par conclure qu'il devait exécuter la danse du Soleil, le plus sacré de tous les rituels sioux. Il se fit cinquante entailles sur tout le corps, faisant offrande de ce sacrifice à l'esprit du ciel. Ensuite, il dansa en plein air sans s'arrêter durant 24 heures. Dans l'état de stupeur qu'il avait atteint, il reçut la révélation qu'il était venu chercher. Il vit des soldats blancs tomber sous les flèches des Indiens, à proximité de la rivière de Little Bighorn. C'était le signe que Sitting Bull attendait. Peu après, les Sioux et les Cheyenne réunis remportèrent la célèbre bataille du même nom, contre le lieutenant-colonel Custer.

« Les Indiens Hopis, écrit Sylvie Simon, présagent l'avènement d'une nouvelle humanité où l'homme sera relié aux forces de l'Univers, comme l'ont prévu depuis longtemps les Inuits d'Alaska, les Maoris de Nouvelle-Zélande, les Dogons d'Afrique, les Kahumas des îles Hawaii, les Mayas du Mexique et du Guatemala, et d'autres Amérindiens. D'après ces exégètes, le calendrier maya préciserait que nous irons au-delà des technologies, puis nous reviendrons aux cycles naturels de la nature et de l'univers aux environs de l'année 2012.

« Quant aux Koguis de Colombie, qui se considèrent comme gardiens de la terre, ils sont très précis et affirment que le « dernier cycle » a débuté le 19 février 2000 et se terminera le 18 ou 19 février 2013, ce qui n'est pas loin du mois de décembre 2012 de la prophétie des Mayas. »[5]

Leon Shenandoah, grand prêtre et chef de la nation indienne iroquoise des Onondagas, décédé en 1996, a déclaré lors de ses dernières années de sa vie : « Très bientôt, tous ceux qui croient détenir un grand pouvoir découvriront ce qu'est vraiment un grand pouvoir : le pouvoir du Créateur. Ils n'auront plus de charbon, de pétrole, de gaz, de pouvoir nucléaire. Nous, les êtres humains, ne sommes que de passage ici, nous sommes les invités du Créateur. Ils nous a permis de séjourner ici et regardez ce que nous avons fait de Sa création. Nous l'avons empoisonnée, ruinée. Il a toutes les raisons d'être en colère et il l'est. »[6] D'après les Iroquois, la fin du monde moderne sera proche lorsque les arbres commenceront à dépérir, lorsque rien ne poussera dans les jardins et que les eaux seront impropres à la consommation. Nous n'en sommes pas très loin.

Ce même Leon Shenandoah déclarait en 1985 : « Nous avons reçu l'ordre de nous aimer les uns et les autres, et de montrer un immense respect pour chaque créature de notre terre. La conscience spirituelle est la forme la plus parfaite des politiques. Lorsque le peuple cessera de respecter et d'exprimer sa gratitude pour toutes ces choses, alors la vie humaine sera détruite sur la planète. C'est notre

---

[5] Sylvie Simon, 2012 le rendez-vous, de la crise à l'avènement d'un nouveau monde, éditions Alphée – Jean-Paul Bertrand 2009.

[6] Sylvie Simon, op.cit.

responsabilité. Chaque être humain a le devoir sacré de protéger le bien-être de notre Mère terre, d'où découle toute source de vie. Tant que les guerriers seront aux commandes, vous aurez des guerres. Vous devez élire des gouvernants pacifiques. Cela ne sert à rien de réclamer la paix. Vous devez agir dans la paix, vivre dans la paix, marcher dans la paix, unis avec tous les peuples du monde. »[7]

En 1799, le prophète indien Ganyadhiok eut une vision de l'avenir avec ses désastres environnementaux et la pollution de l'air et de l'eau, ce qui était alors impensables à cette époque. Il vit quatre personnages angéliques, rappelant les quatre cavaliers de l'Apocalypse, annonçant des catastrophes : « Il y aura un grand vent, si puissant qu'un ouragan à ses côtés ressemble à une brise. Ce vent balaiera la terre et la nettoiera pour la ramener à son état originel. Ce sera les punition pour ce que nous faisons de la Création. »[8]

---

[7] Sylvie Simon, op.cit.

[8] Sylvie Simon, Op.cit.

II

ATLANTIDE ET MU

De nombreuses traditions évoquent des histoires de civilisations millénaires disparues après un terrible cataclysme. Platon est le premier à écrire sur l'Atlantide. Dans son œuvre *Timé*, le sage grec Solon, en voyage en Égypte, apprend par des prêtres locaux que, des millénaires auparavant, une guerre a opposé les Athéniens et les Atlantes.

Vers l'an 15 000 avant J.-C., au milieu de l'Atlantique se trouvait une île immense, sorte de monarchie confédérée, dont dix souverains gouvernaient de nombreux pays. Leurs domaines s'étendaient à différentes régions d'Afrique, en passant par l'Égypte, l'Europe et l'Amérique du Sud. La capitale de l'Atlantide était une merveilleuse cité, vaste porte sur la mer, dont le système de défense s'organisait en cercles concentriques, avec des accès décalés les uns par rapport aux autres, qui s'ajoutaient à de grands fossés bordés de hautes murailles.

Réputée invincible, l'Atlantide fut cependant vaincue par les forces de la Nature. Un cataclysme l'engloutit dans l'Océan. Après sa disparition, les provinces confédérées sombrèrent dans la barbarie, et c'est sur leurs ruines que les civilisations que nous connaissons aujourd'hui se développèrent par la suite.

« Au XVIe siècle, écrivent Irene Bellini et Danilo Grossi, fut émise l'hypothèses de l'origine atlantéenne des civilisations sud-américaines que Christophe Colomb venait de découvrir. Ces mêmes civilisations dont les légendes rapportent un cataclysme survenu environ à l'époque où Platon situe ses récits.

« Une ancienne légende mexicaine évoque l'île d'Aztlan, située au milieu de l'Atlantique, et qui fut abandonnée par ses habitants quand elle sombra dans l'Océan. Les survivants se firent appeler Aztèques : les habitants d'Aztlan. »[9]

En 1870, en Inde, le colonel britannique James Churchward, féru d'archéologie, découvre dans un temple de nombreuses tablettes écrites en une langue très ancienne. Selon le prêtre de lieux, il s'agit de tablettes sacrées, rédigées par les Sept Frères Naacal, venus du continent Mû apporter les sciences, les écritures religieuses. D'après ces tablettes, l'homme apparut sur Mû, avant que le continent ne soit englouti dans l'océan Pacifique, après un immense cataclysme. Or, si l'on prend en considération les similitudes existant entre les Naacal et le dieu égyptien Thot, les civilisations d'Amériques du Sud et l'Égypte ancienne partagent bien des aspects identiques, comme les

---

[9] Irene Bellini et Danilo Grossi, réalisé par Roberto Giacobbo, *Mystères et Énigmes*, éditions Le Pré aux Clercs 2008.

pyramides, diverses techniques de construction, l'embaument des défunts et l'organisation de l'année en 365 jours. S'agit-il de la même civilisation ? Selon certains auteurs, Mû était un immense continent de l'océan Pacifique. Peuplé de races différentes, le pouvoir était détenu par les Blancs qui vénéraient un dieu unique, connu sous le nom de « Ra le Soleil ». Les habitants de Mû colonisèrent une large partie de l'Amérique du Sud et se répandirent jusqu'en Asie centrale et en Europe de l'Est. Puis, il y a environ 13 000 ans, à la suite de terribles irruptions volcaniques, Mû fut englouti, entraînant un raz-de-marée qui bouleversa la planète entière. L'Atlantide devait subir le même sort par la suite.

Les plus récentes théories au sujet de l'existence de Mû et de l'Atlantide vont dans le sens de deux civilisations distinctes. Une étude situe l'Atlantide dans la région du haut plateau sous-marin où se trouve l'actuel archipel des Açores, ce qui irait dans le sens de la description de Platon d'une île nantie d'une chaîne montagneuse et d'une vaste pleine bien irriguée. Les recherches accomplies sur les fonds marins ont permis de retrouver ce qui pourrait s'apparenter à des ruines d'anciens ouvrages humains. Cette étude se fonde sur les recherches géologiques effectuées à la base du relief sous-marins, au nord de l'Atlantique, qui révèlent une composition majoritairement basaltique.

Une thèse récente affirme au contraire que les restes de l'Atlantide se situeraient en Antarctique, sachant qu'autrefois ce continent n'était pas entièrement couvert de glaces. Au fil des millénaires, la force centrifuge causée par la rotation de la planète, alliée au poids de milliers de tonnes de glace à proximité d'un des pôles, aurait causé le glissement d'une partie de la croûte terrestre. Des preuves sembleraient confirmer cette théorie, qu'Albert Einstein qualifia lui-même de « tout sauf improbable ». Le mouvement le plus récent de la croûte terrestre serait survenu entre 15 000 et 10 000 avant J.-C., période durant laquelle une grande partie du continent américain était recouverte de glaces. À la fin de la glaciation, la fonte de milliers de tonnes de glace provoqua une augmentation du niveau des mers et une réorganisation de la croûte terrestre, subitement délestée de ce poids. À la suite de tels mouvements, l'Antarctique aurait pu se déplacer pour que les glaces finissent par la recouvrir entièrement. Des ruines d'une ancienne civilisation pourraient se trouver sous les glaces du pôle sud ? Des images satellites ont révélé la présence de formations étrangement circulaires dans les régions occidentales de l'Antarctique. Il pourrait s'agir de cratères volcaniques, sachant que des études certifient la présence d'une forte concentration en fer, détail d'autant plus intéressant lorsque l'on sait que Platon évoque la présence de murailles circulaires en métal, au sujet de l'Atlantide.

« Une autre théorie intéressante, écrivent Irene Bellini et Danielo Grossi, soutient que dans la controverse qui divise les géologues et les recherches favorables à l'hypothèse de l'existence de l'Atlantide, les deux auraient raison. Autrement dit : s'il est vrai qu'il n'y a pas de continent englouti dans l'Atlantique comme l'affirment les géologues, Platon aussi n'a pas tort en soutenant que l'Atlantide se trouverait au-delà des colonnes d'Hercule :

en Amérique du Sud, par exemple. Dans ce cas, ce n'est pas le continent tout entier qui aurait sombré, mais sa capitale seulement, la ville de Cerne, qui se trouvait sur une île volcanique au milieu de l'ancien lac Poopo, sur le haut plateau central de la Bolivie. Des relevés effectués par satellite montrent une formation rectangulaire, parfaitement nivelée, dans un paysage proche de celui décrit par Platon ; on croit presque y reconnaître les lits des canaux et les murailles concentriques de la ville. De plus, la région serait riche de ces minéraux qui faisaient la fortune de cette énigmatique civilisation (or, argent et cuivre en plus du mystérieux orichalque), selon les dires de Platon. »[10]

On retiendra que l'hypothèse la plus sérieuse situe l'Atlantide entre l'Afrique de l'Ouest et l'Amérique du Sud, au beau milieu de l'océan Atlantique. Dans le passé, certains académiciens en ont toujours nié l'existence, afin de ne pas remettre en cause la date de création du monde, telle qu'elle est indiquée dans la Genèse, soit aux alentours de 3760 avant J.-C. Or nous savons aujourd'hui que cette date est plus symbolique que véridique, d'autant plus que les scientifiques situent le règne des dinosaures, par exemple, à environ cent millions d'années… La vérité historique n'a que faire de l'intégrisme religieux, caricature démoniaque de tout cheminement spirituel authentique.

---

[10] Irene Bellini et Danilo Grossi, op.cit.

III

LES MAYAS

Indiens de l'Amérique centrale (Honduras, Guatemala et Yucatan), les Mayas avaient atteint un haut degré de civilisation à l'époque précolombienne. L'ancien empire (320-987) eut comme centre la région du Petén. Le nouvel empire (987-1687) s'étendait sur le seul Yucatan. Il subsiste un grand nombre d'œuvres d'art mayas, comme des pyramides, des palais, des bas-reliefs, des fresques et la célèbre prophétie issue de leur calendrier d'une stupéfiante précision. Bien après les Mayas, les Aztèques reprirent ce calendrier dont l'origine se perdrait dans la nuit des temps.

« Les Mayas, écrit Jean-François Gosselin, sont considérés aujourd'hui comme le plus avancé et le plus raffinés de tous les anciens peuples des Amériques. Certains experts les considèrent même comme les Grecs du Nouveau Monde en ce qui a trait à l'avancement de leurs sciences et de leur travail artistique. »[11]

---

[11] Jean-François Gosselin, *Le compte à rebours est commencé, la fin d'un monde 2012*, éditions Edimag 2009.

La prophétie des Mayas indique que nous sommes parvenus à la fin d'un dernier cycle d'existence pour nos civilisations. Les dates données de ce cycle correspondent pour le début au 12 août 3114 avant J.-C. et au 21 décembre 2012 pour la fin. À ce moment-là notre planète est censée enregistrer des très violents séismes terriblement dévastateurs.

Le grand spécialiste du calendrier maya et de sa célèbre prophétie est Carlos Barrios, historien, anthropologue et chercheur, né au sein d'une famille espagnole du Guatemala. Sa famille vivait à Huehuetenango, qui est également le lieu de résidence de la tribu maya Mam. Les Mam sont considérés chez les Mayas comme les gardiens du temps, des références et des autorités au niveau des anciens calendriers. Après avoir étudié durant 25 ans auprès des anciens de la tribu Mam, Barrios devint lui-même un Ajq'il Maya, un prêtre habilité à officier des cérémonies et un guide spirituel du clan de l'Aigle.

Les calendriers mayas font de nos jours l'objet d'un grand intérêt auprès de nombreuses personnes, car ils se focalisent sur la fameuse date de 21 décembre 2012. Carlos Barrios étudie depuis longtemps les divers calendriers mayas avec l'aide de son frère Gerardo. Ils ont interrogé plus de 600 Mayas.

« Les anthropologues visitent les sites des temples, raconte Carlos Barrios. Ils lisent les stèles et les inscriptions et inventent des histoires à propos des Mayas, mais ils ne savent pas lire les signes correctement. Certains annoncent la fin du monde pour décembre 2012. C'est simplement leur imagination. Les anciens Mayas ne sont pas contents de cette interprétation. Le monde ne vas pas se terminer. Il sera transformé. Les Indiens ont des calendriers et savent les interpréter de façon précise, mais par les Occidentaux. »[12]

La compréhension maya du temps, des saisons, des cycles est vaste et complexe. Les Mayas ont eu 17 calendriers différents, dont certains décrivent les événements temporels de façon précise pendant plus de 10 millions d'années. Le calendrier qui a particulièrement attiré l'attention, depuis 1987, se nomme Tzlk'in ou Cholq'ij. Il se fonde sur le cycle des Pléiades et on le considère comme sacré, car il détermine d'importants tournants de l'histoire de l'humanité.

« Par exemple, raconte Carlos Barrios, dans l'année dite du « Roseau », un jour y est mentionné en tant que très important pour les Amérindiens. Ce jour correspond au dimanche de Pâques du 21 avril 1519, jour où Hernando Cortez et sa flotte de 11 galions espagnols arrivèrent du vieux contient et accostèrent sur la côte bordant ce qui est devenu aujourd'hui la ville de Vera Cruz au Mexique. Lorsque les navires espagnols apparurent à l'horizon, les populations indiennes les observèrent et attendirent de voir ce qu'il allait se passer. Les voiles ondulantes des navires ressemblaient vraiment à des vols de papillons rasant la surface de l'océan. Or, cette arrivée était justement annoncée par le calendrier Tzolk'in sous la forme d'un vol de papillons.

---

[12] Entretiens de l'auteur avec Carlos Barrios en juin 2009.

« Une ère nouvelle a alors commencé, mais ce n'était pas une ère de paix, d'harmonie ni de fraternité. Les Mayas ont appelé cette ère les Neuf Bolomtikus ou les Neuf Enfers de 52 années chacun. Les neuf cycles se sont déroulés exactement comme les Anciens l'avaient annoncé : les terres et la liberté furent arrachées aux Indiens. La maladie, la convoitise, la haine et l'égoïsme s'installèrent durablement dans cette partie du monde.

« Ce qui commença avec l'arrivée de Cortez a duré jusqu'au 16 août 1987 (1519 + 9 x 52 = 1987), date dont beaucoup d'entre nous se souviennent comme étant celle de la Convergence Harmonique. Des millions des personnes ont célébré cette date par des cérémonies dans les sites sacrés, priant pour une transition fluide vers la nouvelle Ère, le Monde du Cinquième Soleil.

« Nous sommes depuis 1987 dans une période où le bras droit du monde matérialiste est en train de disparaître lentement mais inexorablement. Nous sommes sur la cuspide de la nouvelle Ère, là où la paix commence et où les gens vivent en harmonie avec la Mère Terre. Nous ne sommes plus dans le monde du Quatrième Soleil, mais nous ne sommes pas encore dans le monde du Cinquième Soleil. C'est la période entre les deux, la période de transition.

« Cette période de transition se traduit par une énergie colossale de destruction de l'environnement, de chaos social, de guerre et de changements terrestres. Tout ceci avait été prévu de longue date par les anciens Mayas. Ce n'est qu'une simple question de spirale mathématique. Il y aura de grands changements, tout changera. Les Gardiens du Temps mayas considèrent le 21 décembre 2012 comme la date de la renaissance, le début du Monde du Cinquième Soleil. Ce sera le démarrage d'une nouvelle Ère résultant du l'alignement de l'axe polaire avec le centre de notre galaxie.

« Au lever du soleil du 21 décembre 2012 et pour la première fois depuis 26 000 ans, le soleil se lèvera pour se joindre à l'intersection de la voie lactée et du plan écliptique. Cette crois cosmique est considérée comme une incarnation de l'Arbre Sacrée, l'Arbre de la Vie, un arbre reconnu dans toutes les traditions spirituelles du monde.

« Cet alignement avec le cœur de la galaxie en 2012 ouvrira un canal pour l'énergie cosmique afin qu'elle puisse couler à travers la terre, la nettoyant ainsi que tout ce qui demeure en elle et élevant tout vers un plus niveau de vibration. Ce processus a déjà commencé. Le changement s'accélère maintenant et il va continuer à s'accélérer. Si l'humanité parvient à atteindre 2012 dans de bonnes conditions, sans avoir trop saccagé la planète, nous nous élèverons à un plus haut niveau spirituel. Mais pour en arriver là, nous devons transformer d'énormes et puissantes forces négatives qui cherchent à nous bloquer le passage.

« La date qui correspond au solstice d'hiver de l'année 2012 n'indique pas la fin d'un monde. De nombreuses personnes utilisent cette date pour faire du catastrophisme. C'est la preuve qu'elles sont mal informées. Ceux qui ont la véritable connaissance sont les Indiens dépositaires de l'ancienne tradition. L'humanité va continuer, mais d'une autre manière, plus spirituelle. Les structures matérielles changeront. À partir de là, nous aurons l'opportunité d'être plus humains et spirituels. Nous vivons actuellement la plus importante décennie de toute l'histoire de l'humanité.

Toutes les prophéties, toutes les traditions du monde convergent sur ces années que nous sommes maintenant en train de traverser.

« Le temps n'est plus au jeu mais à l'action. Bien des âmes puissantes ont choisi de se réincarner lors de cette période et sont venues avec de grands pouvoirs. C'est vrai des deux côtés, de la Lumière comme de l'ombre. La haute magie est à l'œuvre des deux côtés. Les choses vont changer, mais le degré de difficulté ou de facilité des choses à venir dépendra de nous tous et de chacun d'entre nous.

« La puissance de l'économie libérale est un leurre. Les premières cinq années de la période de transition (d'août 1987 à août 1992) ont marqué le début de la destruction du monde matériel. Les banques sont désormais fragiles. Elles passent par un moment délicat. Elles pourraient s'effondrer sans que nous puissions rien changer. Si les banques s'effondrent, nous serons forcés de nous centrer sur nous-mêmes et sur la terre. Les pôles nord et sud vont tomber tous les deux. Le niveau de l'eau des océans va monter. Mais au même moment des terres jailliront de l'océan, en particulier près de Cuba.

« Il peut avoir de l'espoir si les travailleurs de la lumière se rassemblent et s'unissent. Nous vivons dans un monde de polarité : jour et nuit, homme et femme, positif et négatif. La lumière et l'ombre ont besoin chacune de l'autre ; elles sont en équilibre. Seulement, actuellement le côté ombre est très fort et très déterminé quant à ses objectifs. Ses priorités sont clairement établies et sa hiérarchie parfaitement structurée. La hiérarchie de l'ombre travaille afin que nous soyons incapables de nous connecter avec la spirale du cinquième monde en 2012.

« Le côté ombre travaille pour empêcher l'éveil des consciences et renforcer le matérialisme. Il essaye aussi de détruire ceux qui travaillent avec la lumière en vue de faire évoluer la terre vers un niveau plus élevé. Les représentants de l'ombre aiment l'énergie de l'ancien, le quatrième monde décadent, le matérialisme. Ils ne veulent pas du changement. Ils ne veulent pas de l'union. Ils veulent rester au niveau de conscience actuel et craignent le prochain niveau. Le pouvoir de l'ombre sur ce quatrième monde décadent ne peut pas être détruit ni ignoré, il est beaucoup trop puissant. Le serviteurs de l'ombre peuvent cependant se transformer en présence d'êtres au cœur aimant et ouvert. C'est ainsi que l'on parvient à la fusion, un concept essentiel pour le monde du cinquième soleil.

« L'avènement de l'ère du cinquième soleil nécessite un élément très spécial. Alors que les quatre éléments traditionnels terre, air, eau et feu ont dominé les époques du passé, il y a désormais un cinquième élément à prendre en compte, qui marquera l'avènement de l'ère du cinquième soleil : c'est l'éther. Le dictionnaire définit l'éther comme un élément raréfié de l'atmosphère. L'éther est en réalité le plus actif dans notre univers. Il pénètre tout espace et transmet des ondes d'énergie sur une vaste gamme de fréquences, depuis les téléphones mobiles jusqu'aux auras humaines. Ce qui est éthéré touche des régions bien au-delà de la terre. L'éther, l'élément du cinquième soleil, est céleste et manque de substance matérielle, mais il est aussi réel que le bois, la pierre ou la chair.

« Dans le plan de l'éther, il peut y avoir une fusion des polarités. C'est n'est plus l'ombre ou la lumière, mais une fusion structurée entre les deux. Actuellement, le royaume de l'ombre refuse cette fusion. Ils se sont organisés pour la bloquer. Ils cherchent à déséquilibrer la terre et son environnement de façon à ce que nous ne soyons pas prêts pour l'alignement de 2012. Nous avons besoin de travailler ensemble pour la paix et l'équilibre avec l'autre côté. Nous avons besoin de prendre soin de la terre qui nous nourrit et nous abrite. Nous avons besoin de nous concentrer entièrement, corps, âme et esprit, à la quête de l'unité et à la fusion.

« Nous sommes à un moment critique de l'histoire du monde. Les changements prophétisés vont survenir. Notre attitude et nos actions déterminent si ils seront difficiles ou relativement doux. Nous devons agir, faire des changements et élire des gens pour nous représenter qui seront prêt à poser des actions politiques pour respecter la terre. La pratique spirituelle et la méditation sont excellentes, mais l'action aussi. Il est très important d'être conscient de ce que vous êtes, et de la relation que vous avez avec la terre. Développez-vous en fonction de votre propre tradition et de l'appel de votre cœur. Mais souvenez-vous de respecter les différences et de travailler pour l'unité.

« Beaucoup de nourriture est corrompue de façons soit subtile ou évidente. Portez attention à ce vous absorbez dans votre corps. Apprenez à préserver la nourriture et à conserver l'énergie. Étudiez de bonnes techniques respiratoires pour obtenir la maîtrise de votre souffle.

« Suivez une tradition avec de bonnes racines. Peu importe la tradition, votre cœur vous le dira, mais elle doit posséder de bonnes racines. Nous vivons dans un monde d'énergie. Une tâche importante en ce moment est d'apprendre à ressentir ou voir l'énergie de tous et de tout : gens, plantes, animaux. Ceci devient de plus en plus important à mesure que nous approchons le monde du cinquième soleil, puisqu'il est associé avec l'éther, le plan où l'énergie vit et se déplace. Allez aux endroits sacrés de la terre pour prier pour la paix, et ayez du respect pour la terre qui nous nourrit, nous habille et nous loge. Nous devons activer l'énergie de ces sites sacrés. C'est notre travail. »[13]

Barbara Hand Clow fait partie des sages de la communauté internationale Maya. Petite-fille d'Indien Cherokee, elle est aussi conservatrice de la mémoire Cherokee. Elle est connue dans le monde entier pour son enseignement et ses écrits sur les cérémonials :

« Grâce au décodage méticuleux du calendrier des Mayas, écrit-elle, nous avons une compréhension essentielle des temps que nous vivons. Les cycles de notre évolution décrits par le calendrier maya correspondent à d'importantes périodes inscrites dans les banques de données de notre planète et de notre galaxie, la Voie lactée. Ces stades d'évolution s'accélèrent et culminent en 2012. Le code maya est une passerelle vers la sagesse galactique qui favorise le développement individuel, nous incite à

---

[13] Idem.

transmuer nos blocages émotionnels, à clarifier nos esprits et à découvrir nos âmes. Ainsi chacun participera pleinement à l'éveil de la conscience planétaire. »[14]

Les prophéties des Indiens Hopis ressemblent aux prédictions des Mayas pour 2012. L'une d'elle annonce : « Un jour, certaines étoiles viendront s'aligner sur une seule rangée, comme cela s'est déjà produit il y a des milliers d'années, ce sera un temps de purification pour la terre. Des changements de climat et de nombreuses catastrophes risquent de se produire quand nous parviendrons à ce stade, mais personne ne peut le savoir réellement. »[15] Une « seule rangée » évoque l'alignement de toutes les planètes, prévu le 21 décembre 2012. Selon les Hopis nous entrerons dans une nouvelle ère, où la spiritualité et l'amour triompheront. Thomas Banyacya, porte-parole des Hopis, a annoncé en 1992 que « nous allions assister à des marées grandissantes, des tempêtes de plus en plus fortes, des pluies de grêlons énormes, des changements climatiques et de nombreux tremblements de terre. Les animaux eux-mêmes nous préviennent par leur changement de comportement, comme les baleines qui s'échouent sur les plages. Si nous n'écoutons par leurs avertissements, notre monde moderne

---

[14] Barabara Hand Clow, *Le code maya, 2102, la fin d'un monde, l'accélération du temps et l'éveil de la conscience planétaire*, éditions Alphée – Jean-Paul Bertrand, 2007.

[15] Sylvie Simon, op.cit.

sera détruit de la même manière que l'ont été les mondes précédents. »[16]

D'après la prophétie Maya sur 2012, au lever du soleil du 21 décembre 2012, pour la première fois depuis 26 000 ans, le soleil se joindra à l'intersection de la voie lactée et du plan écliptique, ce qui formera une croix cosmique. « On y voit une résurgence, écrit John Lee Fox de l'arbre sacrée, l'arbre de la vie, représentation mentale qui se trouve dans de très nombreuses traditions sous des formes différentes. On prévoit de très violentes secousses telluriques et des séismes à répétition terriblement dévastateurs. Tout commencera le 20 mai 2012, avec une éclipse annulaire du soleil. Le 6 juin 2012 ce sera le second et dernier transit de Vénus du siècle. Ensuite, le 13 novembre 2012 se produira une éclipse totale du soleil. Enfin, le 21 décembre ce sera la fin du grand cycle 13 baktun dans le calendrier maya (13 baktuns = 13 cycles de 144 000 jours : 1 872 000 jours soit plus de 5125 ans). »[17]

Pour les Mayas l'année solaire comptait 365, 2420 jours, chiffre très proche de 365, 2422 jours qui est celui de l'année tropique. Leur calendrier est donc encore plus précis que le calendrier grégorien que nous utilisons depuis 1582 et qui compte 365, 2425 jours. Il est aussi précis au sujet de la lunaison estimée en moyenne à 29, 58 086 jours.

---

[16] Sylvie Simon, op.cit.

[17] John Lee Fox, *Les prophéties mayas 2012*, éditions Exclusif 2009.

« Il est surprenant de constater cette extraordinaire connaissance des Mayas en astronomie, écrit Sylvie Simon (…). Ils avaient également une idée très juste des mouvements du soleil, de la terre et d'autres planètes. Ils étaient même capables de prédire les éclipses et, bien avant l'existence des télescopes, ils connaissaient Uranus, découverte en 1789 par William Herschel, et Neptune, découverte en 1846 par Adams et Le Verrier (…). Les Mayas tenaient compte des infimes variations de décalage entre le plan de rotation de Vénus et l'axe de rotation de la terre elle-même, et les cycles de Vénus leur permettaient de prédire ce qui arriverait à chaque « mort » de Vénus. Or, à présent, les calculs astronomiques signalent que le 21 décembre 2012, juste avant le coucher du soleil, Vénus disparaîtra sous l'horizon occidental tandis qu'à l'est, les Pléiades s'élèveront au-dessus de l'horizon. Symboliquement, on assistera à la mort de Vénus et à la naissance des Pléiades. »[18]

---

[18] Sylvie Simon, op.cit.

IV

LA MÉSOPOTAMIE

Vers 4500 avant J.-C., les Sumériens s'établissent dans le Sud de la Mésopotamie, territoire situé entre le fleuve du Tigre et de l'Euphrate, dans l'Irak actuel. D'origine inconnue, ils viennent peut-être de l'Est, de l'Iran peut-être, où ils auraient notamment fondé la civilisation de l'Indus. On assiste à la formation d'états urbains, avec au centre des villes des temples monumentaux. Les temples sont placés au milieu d'un espace réservé au dieu de la ville. À la tête des prêtres se trouve le roi qui détient le pouvoir. Les Sumériens inventent l'écriture pour le service administratif du temple, ainsi que pour des raisons plus religieuses, en conservant des récits prophétiques. Construite vers 2100 avant J.-C., la ziggourat d'Ur, à 225 kilomètres au sud de Babylone est l'un des grands temples sumériens de la Mésopotamie ancienne. Cette ziggourat comporte sept niveaux, représentant les sept plans de l'existence et les sept corps célestes.

Comme les Égyptiens, les peuples des états de Mésopotamie vénèrent de nombreux dieux, entre trois ou quatre mille, selon les estimations. On y trouve des divinités majeures, représentant des forces élémentaires, telles Enlil, dieu du vent et des tempêtes, ainsi que Enki, dieu des eaux. D'autres divinités sont associées à des lieux bien précis, comme le cas de Mardouk, dieu de Babylone. Lorsque cette grande cité domine les autres villes, Mardouk devient le dieu principal de la Mésopotamie.

Les Mésopotamiens communiquent avec leurs dieux de diverses manières. Ils construisent des montagnes artificielles, véritables sanctuaires, où trônent les statues des divinités. Des fêtes liturgiques se déroulent toute l'année, durant lesquelles on dépose des offrandes pour obtenir les faveurs divines, dans l'espoir de recevoir en retour santé, longue vie et prospérité. Les Mésopotamiens accordent également beaucoup d'importance aux présages. Pionniers dans diverses formes de divination, ils examinent notamment les foies des animaux pour y trouver des protubérances et des marques révélatrices annonçant le futur. Les devins étudient de très près les perspectives de chaque monarque mésopotamien. Si les signes sont mauvais, il arrive qu'un roi abdique temporairement, cédant le trône à un remplaçant plus chanceux au niveau des augures.

Les personnes capables d'interpréter les rêves occupent de haute fonction. Une classe spéciale de prêtres est créée pour les interpréter. Dans la littérature mésopotamienne, les prémonitions induites par le sommeil jouent un rôle important. Quelques-unes des images les plus saisissantes des mythes mésopotamiens ont une qualité onirique, comme par exemple la fuite du berger roi déifié Etana sur le dos d'un aigle à la recherche de l'herbe de jouvence. Le dieu Dumuzi, condamné à passer six mois aux enfers, décrit le rêve de son propre destin, poursuivi par les démons de la mort, connus sous le nom de gallas. Prévenu, Dumuzi fait en vain appel à toute son ingéniuité pour s'échapper. La morale de cette histoire est que la mort est le lot de tous, quoi que l'on fasse pour l'éviter.

L'épopée de Gilgamesh présente les grandes étapes de son action, longuement prédites dans les rêves. Gilgamesh, le souverain de la cité état d'Ourouk, reçoit deux présages symboliques de sa rencontre avec l'homme sauvage Enkidou, initialement son rival, destiné à devenir son compagnon. « Le premier signe arrive, écrit Tony Allan, lorsque Gilgamesh voit un éclair descendre vers la terre, puis une hache de cuivre – symboles interprétés par sa mère, la déesse Nin Sun, comme représentant un homme de grande force qu'il apprendra à aimer. Plus tard, des songes préviennent Gilgamesh du danger provenant du monstre de la forêt Houwawa, tandis qu'Enkidou entrevoit sa propre maladie fatale et prévient son compagnon. « Oh ! mon frère, ils m'arrachent à vous ». La vision d'Enkidou est un des premiers comptes rendus à nous être parvenus d'une mort annoncée. Elle marque une note de fatalisme qui sera un leitmotiv dans toute la culture mésopotamienne. »[19]

Un des plus anciens textes sumériens qui aient survécu comprend 1363 lignes d'écriture cunéiforme tracée sur deux cylindres longs de 30 centimètres. Le texte décrit comment le gouverneur de la cité état de Lagash restaura

---

[19] Tony Allan, op.cit.

les temples de la ville de Girsou à la suite d'un ordre reçu en rêve. Selon l'inscription, Goudea, qui gouvernait Lagash aux alentours de 2140 avant J.-C., dormait, lorsque Ningirsou, le dieu de la ville, vint à lui et lui dit : « Tu vas me construire une maison ; laisse-moi te donner un signe, laisse-moi te parler de mes rites selon les étoiles sacrées. »[20] Le dieu lui transmit même un plan du temple qu'il voulait qu'on lui érige ; la trace de ce plan a survécu, blottie dans le giron d'une statue assise du souverain qui se trouve maintenant au musée du Louvre à Paris.

Les racines de l'astrologie remontent en partie à Babylone. Un lien est établi entre les événements se produisant sur terre et dans les cieux, les prêtres scrutaient le ciel pour y détecter les présages. Une collection de plus de 7000 observations, connues sous le nom de *Enuma Anu Enlil*, nous est parvenue sur des tablettes cunéiformes, provenant de la bibliothèque du roi assyrien Assourbanipal à Ninive. Elles attestent que l'on surveillait déjà les signes tels que les halos lunaires, les éclipses et les premières apparitions des planètes. Ces signes indiquaient les bonnes et mauvaises fortunes de l'état et de la famille royale, tous deux ayant été les principaux clients des devins.

« La réputation des astronomes babyloniens se répandit largement dans l'ancien Moyen-Orient, écrit Tony Allan. Ils étaient les Chaldéens de l'Ancien Testament, dont le nom devint synonyme de lecture de l'avenir dans les étoiles. Ce sont eux les premiers qui repérèrent l'écliptique, la

---

[20] Tony Allan, op.cit.

trajectoire annuelle du soleil par rapport aux étoiles fixes telle qu'on peut l'observer à partir de la terre. Cette découverte fut à la base de l'astrologie. »[21]

Hadad, Dieu du tonnerre, de la foudre et de la pluie, règne chez les Akkadiens et chez les Araméens, peuplades sémitiques venues des déserts arabiques, qui arrivent en Basse Mésopotamie vers 2300 ans avant Jésus-Christ. Hadad est souvent consulté par voie oraculaire pour connaître l'avenir, de même que Shamash, dieu solaire du panthéon babylonien, qui se trouve représenté sous la forme d'un disque solaire idéogramme. Ishtar est la déesse de la guerre et de l'amour sexuel.

« Pour établir des oracles, la technique de toujours (et la plus traditionnelle), écrit Ursula Fortiz, était l'analyse viscérale. Au deuxième millénaire, les critères de ces analyses étaient déjà fixés sous forme de canons institutionnels.

« Dans le corpus des écrits mésopotamiens existe en effet un traité établissant une liste de toutes les conformations possibles des différentes parties d'un foie de mouton, chacune pouvant être considérée comme positive ou non, eu égard à la question posée. L'interprète avait pour mission d'évaluer la somme des aspects positifs et celle des aspects négatifs. Ainsi était-il fait au roi réponse à la question qu'il avait posée à Shamash, le dieu soleil.

---

[21] Tony Allan, op.cit.

« L'autre technique d'interrogation reposait sur la connaissance astrologique. Un autre traité du corpus mésopotamien précise les modalités d'interprétation canonique. Dans le cours du premier millénaire, son importance ne cesse de croître en fonction de la connaissance scientifique, jusqu'à la prééminence. Là, également, une liste des phénomènes à retenir fut établie et un code d'interprétation promulgué.

« Ces deux modes de communication institutionnelle n'étaient pas les seuls dont les dieux disposaient pour s'adresser aux hommes. Parmi ces derniers, quelques-uns, privilégiés (parfois même le roi), étaient dans leurs rêves visités par les dieux. Là encore ont été retrouvés à ce sujet deux traités sur la manière d'interpréter les rêves.

« Il faut aussi signaler la possibilité faite au souverain de recevoir, en direct et à titre personnel, les paroles du dieu ou de la déesse, sans même l'avoir sollicité. Un cas bien connu est celui d'Ashurbanipal pèlerinant au sanctuaire d'Ishtar à l'aube d'une campagne : selon les paroles même du monarque, il reçoit alors de la déesse les encouragements les plus précis et l'assurance qu'elle l'aime comme une mère. Voilà une réponse telle qu'on l'imagine bien dans la bouche d'Ishtar, déesse de l'amour et de la guerre. »[22]

Une cinquantaine de tablettes écrites, relevant du domaine prophétique, ont été découvertes à Mari, sous les

---

[22] Ursula Fortiz, *Prophètes et prophéties, histoires et traditions*, éditions de Vecchi de Vecchi 2004.

ruines d'un palais royal de 300 pièces, en Haute Mésopotamie, sur l'Euphrate, en Syrie, à quelques kilomètres de la frontière irakienne. Le message divin est de compréhension immédiate. La cité de Mari se trouvait placé sous la protection du dieu Itûr-Mér, réputé pour guérir les enfants malades.

La prophétie ne se limite pas à l'histoire religieuse biblique du peuple juif mais rayonne déjà au Moyen Orient avec les royaumes sumériens, assyriens, babyloniens depuis le début du troisième millénaire avant Jésus-Christ. Elle se poursuit avec les roi araméens. On sait que le livre de Balaam, dieu principal de la tradition mésopotamienne, a été rédigé avant les premiers livres prophétiques de la Bible. Il apparaît de façon souvent positive dans la Bible, mais également au sein du christianisme naissant. C'est de lui, en effet, que l'on tient la prophétie originale de l'étoile guidant les rois mages vers le Messie.

V

L'ÉGYPTE DES PHARAONS

Pour les Égyptiens de l'époque pharaonique (2600 à 332 avant J.-C.) le monde invisible des dieux et des esprits était aussi réel que celui du monde ordinaire de l'existence humaine. Conscients de leur vulnérabilité face à un destin incertain, ils cherchaient à s'assurer que leurs actions se trouvaient en harmonie avec le monde invisible. La meilleure façon d'éviter les désagréments de toutes sortes reposer sur la consultation des calendriers des jours de chance et de malchance qui étaient une constante de la vie égyptienne. On analysait également les rêves pour y détecter les présages susceptibles d'annoncer les succès ou les problèmes à venir. Les Égyptiens pensaient que les dieux, comme notamment le dieu du Ciel Horus, pouvaient entrer en contact avec les humains au moyen de rêves. Il arrivait que les gens dorment à l'intérieur même des enceintes des temples dans l'espoir de recevoir d'un dieu un rêve prophétique.

« Les rêves, écrit Tony Allan, étaient considérés comme des « révélations de la vérité », selon les mots d'un texte du Moyen Empire, les *Instructions du roi Amenemhat Ier*. Il existe aussi des preuves que les rêves étaient parfois considérés comme des aperçus objectifs d'une réalité plus élevée – au point que leur signification n'était pas limitée au seul rêveur. »[23]

Le peuple cherchait à décoder le sens des rêves. Dans un pays où l'immense majorité de la population était illettrée, les prêtres sachant lire bénéficiaient d'un statut élevé. Les prêtres pouvaient notamment décoder les livres de rêves, expliquant le sens de différentes images rencontrées dans les rêves. Dans un manuscrit du XIIe siècle avant J.-C., un prêtre propose deux lectures différentes en fonction du rêveur : une pour les fervents du dieu Horus, considérés comme des personnes calmes et équilibrées, et l'autre pour les fidèles du divin fauteur de troubles, l'intempérant Seth.

Les interprétations étaient multiples en fonction des images : rêver de plonger dans une rivière signifiait la purification du mal. Rêver de faire l'amour avec une femme était de mauvais augure, annonçant un deuil, de même qu'une autruche vue en rêve suggérait l'approche d'un événement néfaste.

À compter du cinquième siècle avant J.-C., l'incubation devient un procédé commun permettant de consulter l'oracle. Le dieu Bès, protecteur du sommeil, est en faveur chez les malades. Le requérant, ayant sacrifié un bélier, se couchait sur le sol enveloppé de la peau de l'animal durant toute la nuit. À son réveil, les prêtres

---

[23] Tony Allan, op.cit.

interprétaient ses rêves et ses visions. Certains malades passer la nuit dans un local propre à inspirer des rêves de guérison, immédiate ou à venir.

En 1818, une stèle en granit fut découverte entre les pattes du Grand Sphinx de Giseh. L'inscription raconte comment Touthmôsis VI, qui gouverna l'Égypte au début du XIVe siècle avant J.-C., s'endormit un jour à l'ombre du Sphinx alors qu'il était un jeune prince chassant dans le désert. Dans son sommeil, le Sphinx parla à Touthmôsis, prédisant qu'un jour il régnerait sur l'Égypte, même si à l'époque ses frères aînées avaient les meilleures chances de succéder à cet office. À cette époque la statue du Sphinx se trouvait recouvert de sable jusqu'au menton. Il demanda à Touthmôsis d'être rétabli dans sa gloire passée. Ce dernier le fit donc désensabler par des ouvriers. Quelques années plus tard, le prince monta bien sur le trône comme le Sphinx l'avait prédit et Touthmôsis fit ériger la stèle racontant ces faits en remerciements.

D'après Ursula Fortiz, « le peuple égyptien aura été le plus religieux des peuples de l'Antiquité. Alors, chaque ville a son temple, chaque temple a ses dieux. Souvent, ceux-ci sont représentés comme des humains dotés de têtes d'animaux (…). Pour connaître les circonstances de la vie quotidienne dans lesquelles les gens faisaient appel aux dieux, il faudrait disposer, matériellement, de ces questions oraculaires qui leur étaient faites. Par bonheur, nous en possédons quelques exemples, car le climat de l'Égypte, sec et ensoleillé, se prête à la longue conservation de son passé archéologique (…). La plupart du temps, ces questions sont écrites sur de petits morceaux de papyrus, en langue démotique, hiératique, en grec, ou même en copte à la fin de la Basse Époque (…). Plusieurs exemples nous montrent que les questions oraculaires étaient posées en deux versions complémentaires, à la manière d'un système binaire, laissant à la divinité l'alternative ».[24]

À l'époque du Nouvel Empire (1580 à 1070 avant J.-C.) la statue du dieu local est transportée de son sanctuaire vers d'autres lieux de dévotion, permettant ainsi au paysan de pouvoir l'interroger. Il attend un dialogue rassurant pour ses affaires et son âme. Un prêtre reçoit les questions et les lits à la divinité. Certains historiens pensent que ces pratiques permettaient d'asseoir le pouvoir des dieux et celui du pharaon, sans oublier la caste sacerdotale.

Comme leurs homologues Perses ou Mésopotamiens, certains prêtres ou devins égyptiens pratiquaient l'astrologie. « L'un d'eux, écrit Serge Le Guyader, a laissé une empreinte durable dans l'histoire de l'astrologie : il s'agit de Petosiris (quatrième siècle avant J.-C.). Ce grand prêtre du dieu Thot à Hermopolis, deviendra célèbre, grâce à une consultation privée accordée à Alexandre Le Grand, après sa victoire sur les Perses d'Égypte. On prête à Petosiris la paternité des fameuses *Tables Astrologiques* qui seront consultées durant plusieurs siècles. »[25]

---

[24] Ursula Fortiz, op.cit.

[25] Serge Le Gyuader, *Le grand livre des prophéties*, éditions Trajectoire 2005.

La tradition de l'ancienne Égypte considère le dieu Thot comme l'inventeur de l'écriture et le gardien des secrets des mouvements célestes. Il est représenté sous la forme d'un corps humain à tête d'ibis. En sa qualité de juge, il présidait aux cérémonies en soupesant l'âme des défunts dans l'au-delà. Le mystère qui l'entoure est lié principalement aux livres qu'il aurait écrits et cachés. Cette divinité aurait consigné les mystères célestes dans un certain nombre de livres sacrés. Il les aurait ensuite cachés pour que seules les plus dignes des générations futures puissent les trouver.

« Aujourd'hui, écrivent Irene Bellini et Danilo Grossi, si certains affirment que ces livres se trouvent dans une salle secrète sous le Grand Sphinx, les recherches effectuées à l'aide des techniques les plus modernes – sous le monument et dans ses alentours – n'ont toujours pas révélé de cryptes souterraines. D'autres hypothèses soutiennent en revanche que ces fameux « textes » se trouveraient sous nos yeux depuis toujours. Le complexe formé par les pyramides de Gizeh et par le Sphinx serait en effet une sorte de retranscription « terrestre » d'une disposition astronomique bien précise, calculable en tenant compte de la précession des équinoxes.

« La précession des équinoxes traduit le changement d'orientation de l'axe terrestre (un peu comme celui d'une toupie) par rapport à la sphère céleste. C'est une rotation si lente qu'il faut 26 000 ans à l'axe de la Terre pour faire un tour complet, sachant qu'en ce laps de temps la position des astres change sur la sphère céleste, pour ensuite revenir au point de départ.

« L'intention des anciens aurait été de transmettre à la postérité la manière de calculer la fin de chaque cycle de précession, car la tradition veut que cette période s'accompagne de catastrophe à l'échelle planétaire. C'est pourquoi ils dressèrent des constructions suffisamment importantes pour résister aux plus grands cataclysmes. Les proportions mathématiques et les alignements astronomiques de ces monuments contiendraient donc un message destiné à se transmettre par-delà les millénaires. »[26]

Pour l'Égyptien, le songe prophétique est bénéfique ou maléfique, mais toujours porteur d'une vérité, dont il s'agit d'en établir le sens. L'exemple le plus célèbre de l'interprétation des songes prophétiques dans l'Égypte ancienne concerne le récit biblique de Joseph. Aidé de Dieu, il interpréta correctement plusieurs rêves prémonitoires, notamment la vision faite par le pharaon de sept vaches grasses émergeant du Nil pour être avalées par les sept vaches maigres qui les suivaient. Dans le livre de la *Genèse*, on apprend que Joseph avait été appelé sur la recommandation du majordome du pharaon, qui décida de tester les compétences de l'étranger. L'interprétation du rêve royal par Joseph, prévoyant sept années d'abondance suivies de sept ans de disette, impressionna tant le souverain qu'il récompensa l'Hébreu d'un anneau qu'il retira de son propre doigt et d'un collier en or. Il le nomma également gouverneur de toute l'Égypte. Ce rôle donnait à Joseph la

---

[26] Irene Bellini et Danilo Grossi, *Mystères et Énigmes* (réalisé par Roberto Giacobbo), éditions Le Pré aux Clers 2008.

responsabilité des plans d'interventions nécessaires pour éviter le désastre qu'il avait annoncé.

VI

ORACLES DE LA GRÈCE ET DE LA ROME ANTIQUES

Durant plusieurs siècles avant J.-C., la Grèce étendit son influence culturelle de la Gaule aux confins de l'Asie mineure. Le plus important des oracles de la Grèce antique fut celui de Delphes, sur les pentes inférieures du mont Parnasse au centre de la péninsule. D'après l'historien Diodore de Sicile, des chèvres auraient découvert les propriétés sacrées de l'endroit, après avoir respirés des vapeurs émises par une fissure dans le sol. Les bêtes commencèrent à se conduire d'une façon étrange, sautant et chevrotant de manière insolite. Surpris, un chevrier se rendit à l'endroit. Il fut intoxiqué à son tour et commença à débiter des paroles prophétiques. Bientôt, les foules accoururent vers le site. Plusieurs personnes se tuèrent en tombant dans l'abîme, si bien qu'on décida qu'il serait plus sage de réserver l'endroit à une unique voyante. Un trépied fut construit pour enjamber le vide.

On raconte que l'abîme contenait la carcasse en putréfaction du dragon Python, envoyé par la déesse Héra, jalouse, pour tourmenter Léto qui avait donné des enfants à

Zeus, son époux. Le fils de Léto, le dieu Apollon, se rendit à Delphes pour tuer le dragon, et c'est à partir de ce moment-là que l'oracle fut possible. D'après certains auteurs, Delphes était à l'origine un site consacré à Gaïa, la Terre Mère, dont le culte impliquait le soin de serpents sacrés. Il est possible que Delphes ait hérité de cette époque l'omphalos (le nombril) : la pierre sacrée indiquant le centre de la terre.

« La prophétesse de Delphes prit le nom de pythie, écrit Tony Allan, en l'honneur du défunt Python. Au début, le poste était occupé par une seule personne, une vierge issue de la noblesse. Cependant, l'enlèvement d'une jeune pythie par un client de l'oracle provoqua un changement et, désormais, seules des femmes de plus de cinquante ans furent sélectionnées. On raconte que plus tard, on prit des femmes de bonne réputation choisies parmi les paysannes alentour. Certains prophétesses étaient mariées, mais elles devaient rester chastes le temps de leur fonction. À l'apogée de la popularité de l'oracle, aux sixième et cinquième siècles avant J.-C., il y eut jusqu'à trois pythies différentes, qui prophétisaient à tour de rôle. »[27]

Au début, les consultations de l'oracle de Delphes ne se déroulaient qu'une fois par an, le jour de l'anniversaire d'Apollon, puis furent établies au septième jour de chaque mois, sauf lors des trois mois de l'hiver, car le dieu était censé se déplacer vers le Grand Nord. Les suppliants laissaient des dons et, par la suite, un tarif minimum

---

[27] Tony Allan, op.cit.

représentant deux jours de salaire fut demandé. Les cités, envoyant des émissaires consulter l'oracle, devaient régler sept fois le tarif normal. À mesure que la clientèle s'élargit aux rois et aux nations de tout le monde classique, Delphes devint si riches que des galeries furent construites afin de cacher les œuvres d'art offertes à l'oracle.

Seul les hommes pouvaient s'approcher de la pythie. Les femmes ayant des questions à poser devaient désigner un partenaire masculin. Le site, situé au sommet de la montagne et entouré de falaises, inspirait le respect chez les visiteurs. À l'intérieur du temple, l'arrivant devait se purifier avec de l'eau bénite. Il recevait un gâteau rituel en retour de l'acquittement du droit de consultation. Accompagné d'un prêtre et d'un représentant de sa cité, il approchait alors du temple d'Apollon pour assister au sacrifice d'une chèvre. Il était ensuite autorisé à pénétrer dans l'adyton, l'enceinte sacrée, où se trouvait l'omphalos. Là, derrière un paravent, la pythie attendait.

La pythie s'était préparée à accomplir ses devoirs sacrés. Les jours de prophéties, elle jeûnait et se baignait dans la source Castalia, proche du temple. Elle assistait à la mise à mort d'une chèvre dans l'adyton, buvait l'eau d'une autre source sacrée, respirait la fumée d'orge et de feuilles de laurier brûlées dans l'enceinte, puis on lui donnait des feuilles de laurier nobilis à mâcher, afin d'obtenir des effets narcotiques. La pythie prenait place sur le trépied au-dessus de la fissure divinatoire et entrait dans une sorte de transe prophétique. Son discours, souvent décousu et incohérent, était noté par des prêtres qui en interprétaient le sens et écrivaient la réponse, souvent en vers. Une copie était ensuite donné au suppliant, tandis qu'une autre, gravée dans la pierre, était conservée dans les archives du temple.

La mise en garde de la pythie à l'empereur romain Néron lors de sa visite à Delphes en l'an 67 est restée célèbre : « Va-t'en, assassin de ta mère ! Ta présence est un outrage pour moi ! Méfie-toi du chiffre 73 ! » Néron, réprimandé par la pythie pour le meurtre de sa mère Agrippine, sera assassiné par la suite et le trône ira à Galba, alors âgé de 73 ans.

Le procédé de notification des déclarations de la prophétesse permettait de conserver les messages. Les prêtres, chargés de ce travail, étaient souvent des érudits, comme l'historien Plutarque qui occupa ce poste au premier siècle après J.-C. Il existait un système de pigeons voyageurs qui apportait très rapidement à Delphes des nouvelles des événements survenant dans toute la Grèce, pouvant ainsi compléter l'inspiration prophétique de la pythie.

Au sixième siècle avant J.-C., Crésus, le riche et légendaire souverain de Lydie (partie de l'actuelle Turquie), était inquiet de la puissance grandissante de la Perse voisine, alors dirigée par le dynamique roi Cyrus. Crésus prévoyait d'attaquer préventivement son rival. Cependant, de peur d'agir sans en connaître les conséquences, il envoya des émissaires à sept orales disséminés dans le monde classique. Afin de savoir lequel il devait croire, il élabora un test : les voyants devaient deviner ce qu'il était en train de faire à un moment précis. La pythie de Delphes fut la seule à répondre correctement : « Crésus faisait cuire de la chair d'agneau dans un chaudron de bronze ». Convaincu des qualités prophétiques de la pythie, Crésus lui demanda son avis sur l'action militaire qu'il allait entreprendre contre Cyrus. La pythie répondit que « si les armées du puissant souverain Crésus traversaient la rivière Halys (ruisseau séparant les deux états), un grand empire serait détruit. » Encouragé, Crésus lança l'offensive et fut battu par les Perses. Sa capitale, Sardis, tomba aux mains de ses ennemis et il fut lui-même capturé. Les prêtres de la pythie firent remarquer qu'un grand empire tomba effectivement et ce fut... celui de Crésus.

En 480 avant J.-C., au moment de l'invasion de la Grèce par les Perses, des émissaires venus d'Athènes se rendirent à Delphes. La pythie leur conseilla d'abord de fuir la cité, qui ne pouvait qu'être détruite par la puissante armée perse du roi Xerxès. Les émissaires obtinrent une seconde consultation : la pythie leur recommanda de confier leur sécurité à des palissades en bois et conclut que Salamis, « l'île divine », écraserait l'ennemi perse au moment des semailles ou de la moisson. Ayant écouté ce conseil, les Athéniens construisirent une puissante flotte à l'aide de palissades en bois et affrontèrent les Perses lors d'une bataille entre le détroit de Salamis, une île du golfe Saronique, et la cité d'Athènes. La prophétie de la pythie se réalisa : la flotte de Xerxès fut écrasée par celle des Athéniens et la Grèce ne fut plus jamais menacée par les Perses.

Vers l'an 200 de notre ère, l'oracle de Delphes bénéficiait encore d'une réelle renommée. Cependant, la montée en puissance du christianisme marqua la fin du sanctuaire. Devenue religion officielle de l'Empire romain, le christianisme n'approuvait pas les oracles païens. Au bout de mille ans, le site prophétique le plus important du monde occidental fut rendu aux chèvres qui l'avaient habité auparavant.

Le monde gréco-romain a également était marqué par l'histoire de la sibylle, dont l'origine viendrait d'Asie Mineure, à la suite d'influences extrêmes orientales. Au début, elle représentait une personne unique, connue sous le nom de sibylle qui aurait vécu jusqu'à un âge avancé. Elle avait fait des prophéties à Hécube, la reine troyenne, avant la guerre de Troie. De nombreux siècles plus tard, on pensait que la sibylle aurait vécu un temps face à l'île de Chio. Sa réputation se propagea si vite que d'autres sibylles se manifestèrent et le nom devint un terme générique désignant une prophétesse. La sibylle la plus célèbre de l'Antiquité était celle de Cumes, qui avait la réputation d'écrire sur des feuilles de palmier qu'elle posait à même le sol devant son siège. Virgile décrit la visite qu'Énée rendit à la sibylle dans sa caverne. Il décrit en détail les procédures mises en œuvre pour la consulter. La sibylle était possédée par le dieu Apollon après le sacrifice d'animaux.

En 1967, l'ingénieur britannique Robert Paget découvrit un ensemble de cavernes souterraines à Baïa, près de Cumes, site de la première colonie grecque en Italie. Creusé sur plus de 330 mètres dans la roche dure, l'ensemble comportait notamment un cours d'eau artificiel que les visiteurs devaient traverser à l'aide d'un petit bateau. Virgile semble avoir connu le site au premier siècle avant J.-C.

Au temps des Romains, les souvenirs de la sibylle de Cumes reposaient sur trois livres d'oracles que la prophétesse aurait proposait au roi de Rome, Tarquin le Superbe, au sixième siècle avant J.-C. Ces ouvrages sibyllins furent ensuite conservés dans un coffre de pierre dans le temple de Jupiter, sur la colline du Capitole à Rome, où ils faisaient partis des biens les plus précieux de la cité.

« Les livres existaient certainement dès 496 avant J.-C., écrit Tony Allan, lorsqu'ils furent consultés en période de famine : par la suite, on y cherchait conseil dès qu'un danger menaçait la ville ou que d'importantes décisions d'ordre politique devaient être prises. En 83 avant J.-C., les livres d'origine furent détruits par le feu, mais cette perte souleva un tel tollé que des émissaires furent envoyés consulter des oracles tout autour du monde méditerranéen pour rassembler une collection de remplacement. Celle-ci semblait avoir été consultée pour la dernière fois en 363 après J.-C. et aurait encore existé un siècle plus tard, à l'époque où Rome tombait finalement sous le joug des envahisseurs venus du nord. »[28]

La réputation prophétique des sibylles pénétra le monde chrétien. Des écrits sibyllins auraient annoncé la venue du Messie Jésus un siècle avant sa naissance. La sibylle de Cumes gagna ainsi une estime peu commune au sein des chrétiens du Moyen Age pour avoir prédit la naissance du Christ. Sa réputation de protochrétienne lui valut un immense respect au sein de certains Pères de

---

[28] Tony Allan, op.cit.

l'Église. C'est ainsi que la sibylle apparaît parmi les figures sacrées de la grande fresque de Michel Ange au plafond de la chapelle Sixtine au Vatican, ainsi que sur le sol de la cathédrale de Sienne, en Italie.

L'État romain se distinguait par l'importance qu'il accordait à la divination. L'augure romain se fondait sur l'idée que le panthéon des dieux (Jupiter, Mars, Apollon, etc.) maîtrisait l'aspect physique de la nature, et qu'il était possible de s'en servir pour transmettre des présages par l'intermédiaire des hommes. Les signes pouvaient être naturels, comme des éclipses et des éclairs ou provoqués artificiellement, comme c'était le cas lorsque des augures, cherchant à s'informer de la volonté divine, lâchaient des poulets sacrés pour observer la manière dont ils se nourrissaient. La fonction de la prophétie romaine permettait de soulever les voiles de l'avenir, ainsi que de s'attirer les bonnes grâces des dieux, par une conduite éthique correcte.

Les moyens employés par les Romains pour connaître la volonté divine provenaient en grande partie des Étrusques, leurs voisins du Nord. Rome avait conquis l'Étrurie au cinquième siècle avant J.-C. Les Étrusques étaient célèbres pour leurs talents de devins. Ils faisaient la distinction entre les auspices, messages en provenance du monde naturel qu'il fallait déchiffrer, et les présages, qui étaient des phénomènes inhabituels indiquant que l'un des dieux était en colère et qu'il fallait l'apaiser. Les auspices se présentaient sous divers aspects, dont la plupart étaient des signes célestes comme des éclairs et le vol des oiseaux. Ceux-ci étaient le domaine réservé des augures, ces fonctionnaires nommés à vie. De trois ou quatre au début de la République, le nombre passa à seize sous Jules César au premier siècle avant J.-C. Le bâton avec lequel ils officiaient était la crosse recourbée appelée Lituus. Ils se remarquaient également par leur toge à rayures écarlates et à lisière violette. Les augures étaient de hauts fonctionnaires de l'État dont on sollicitait l'avis avant toute prise de décision publique importante. Ils bénéficiaient également d'un pouvoir important, et il leur suffisait de déclarer que les auspices étaient défavorables pour suspendre, durant un temps indéfini, des événements aussi importants que les élections, les consécrations, voire les déclarations de guerre.

Les augures exerçaient leur fonction sur des sols consacrés, dont ils pouvaient délimiter l'espace par un simple tracé de bâton autour d'eux. De l'intérieur de celui-ci, ils scrutaient les cieux à la recherche des vols d'oiseaux le jour, et d'éclairs et d'autres signes la nuit. Leur manière de procéder supposait qu'ils découpent mentalement le ciel d'abord en quatre puis en seize, en suivant les axes d'une boussole. Ils avaient assigné chaque portion à un dieu. La signification d'un certain vol d'oiseaux ou d'un éclair pouvait changer selon sa position dans le ciel. Les signes venant de l'est étaient considérés comme propices, ceux de l'ouest comme défavorables, tandis qu'on associait aux signes venant du nord une forte valeur de présage.

Les présages se présentaient sous les aspects les plus divers, du tremblement de terre et autres éruptions volcaniques à la présence d'enfants difformes, de veaux à deux têtes, et ainsi de suite. De telles manifestations étaient considérés comme de dangereux présages, indiquant que la relation aux dieux était mise à l'épreuve. On consultait alors le Sénat qui indiquait la marche à suivre. L'affaire incombait aux haruspices, des experts en divination. Une fois que ces derniers avaient rendu leur verdict, les rituels expiatoires destinés à apaiser les dieux pouvaient commencer, comme des prières ou des sacrifices. Les haruspices étaient spécialisés dans l'examen des entrailles d'animaux sacrifiés, le plus souvent des moutons ou des bœufs, en vue de déterminer la volonté du dieu auquel on les avait immolés. Le foie attirait leur attention. La forme, la couleur et les sillons de l'organe étaient de la plus grande importance, en particulier le lobe carré, cette excroissance en forme de pyramide. Si celui-ci était de bonne taille et bien formé, les signes étaient favorables. Un spécimen scindé ou déformé annonçait un mauvais présage.

« L'exemple le plus connu de divination romaine met en scène un haruspice, écrit Tony Allan. Il s'agit de la mise en garde de Vestricius Spurrina à Jules César avant son assassinat en l'an 44 avant J.-C. César, qui venait d'anéantir les forces de Pompée, son rival, au cours d'une guerre civile de trois ans, imposait son diktat à Rome. Cette situation suscitait la rancœur de ses opposants politiques. Antérieurement à une réunion importante du Sénat à laquelle César devait assister au moment des ides de mars (15 mars), divers présages furent observés : des oiseaux sauvages étaient venu se percher dans le Forum : et des êtres de feu avaient été aperçus dans le ciel en train de s'entre-tuer. Afin de faire parler ces prodiges, Spurrina examina le foie d'un taureau sacrifié et le trouva très déformé, on dit même qu'il n'avait pas de lobe carré du tout. Affolé, il avertit César de se méfier de cette réunion fatidique. César, cependant, préféra ignorer l'avertissement et fut assassiné tandis qu'il pénétrait dans le Sénat pour assister à la réunion. »[29]

La divination romaine ne se limitait pas aux révélations des augures et des haruspices. Les particuliers avaient recours à diverses sources de prédiction qui allaient des oracles et des rêves prophétiques aux lancers de dés et autres formes de prévisions. Les Romains voyaient des présages dans les moindres incidents du quotidien tels que trébucher, éternuer ou renverser du sel.

---

[29] Tony Allan, op.cit.

VII

L'ÎLE DE PÂQUES

L'île de Pâques se trouve en plein océan Pacifique, dont les côtes les plus proches de l'Amérique latine se situent à 3747 kilomètres, à Conception du Chili. Au nord, les terres les plus proches sont les îles Pitcairn à 2250 kilomètres au nord-ouest et les célèbres Galapagos à 3872 kilomètres au nord-est, puis l'Antarctique à quelques milliers de kilomètres également.

Les anciens appelaient l'île de Pâques Te Pito te Henua, ce qui signifie « la fin de la Terre », mais aussi « nombril du monde ». Son nom est également Rapa Nui, voulant dire « Grande Ile », mais nous la connaissons surtout sous l'appellation d'île de Pâques. Le commandant hollandais Jacob Roogeveen la nomma ainsi lorsqu'il aborda ces côtes pour la première fois, le 5 avril 1772, le dimanche de Pâques. Après lui, quelques rares navires mirent le cap sur l'île, comme des baleiniers et des embarcations pirates. L'Espagnol Felipe Ganzales y Haedo y accosta ensuite, sans oublier le Français Jean François de Galaup de La Pérouse. Ce navigateur né près d'Albi en 1741, fut chargé par le roi Louis XVI d'effectuer un long voyage de découverte. Il partit avec deux frégates, la Boussole et l'Astrolabe, et fut probablement tué, bien après, par les indigènes de Vanikoro en 1788. Parmi ses officiers d'équipage se trouvait un certain Lormier, vraisemblablement un lointain ascendant de l'auteur du présent ouvrage. C'est grâce à l'expédition de La Pérouse que nous devons les premières illustrations de l'île de Pâques et de ses habitants de l'époque, dessinés par Duché de Vancy. En 1774, ce fut au tour du célèbre capitaine James Cook de toucher l'île, avec ses navires Adventure et Resolution.

D'après les anthropologues, on trouve les premières traces d'habitants en Polynésie aux alentours de 1200 ans avant J.-C. La première phase évolutive de l'île de Pâques se situerait entre l'an 400 et 1000 après J.-C., sans oublier une période de grand développement les cinq siècles suivant. Certains chercheurs estiment que les premiers habitants de l'île venaient d'une civilisation méso-américaine précolombienne. D'autres sont convaincus qu'ils s'agissait de Polynésiens partis à l'aventure sur l'océan à la recherche de terres à habiter. Selon le Congrès scientifique du Pacifique, qui s'est tenu en 1961, l'île aurait été au centre de deux vagues migratoires distinctes, l'une venant d'Asie et des îles polynésiennes, l'autre issue des populations andines d'Amérique latine. On estime cependant qu'atteindre cette île représentait une entreprise très difficile pour les populations d'autrefois. Il est certain, en revanche, que lors d'une période de disette particulièrement dure, liée en partie à la surpopulation, les habitants sombrèrent dans le cannibalisme. Les histoires transmises oralement racontent l'existence d'une grotte, surnommée la « caverne mange hommes ».

Les gigantesques statues de pierre de l'île de Pâques symbolisent le mystère du lieu. Ces énormes formes hiératiques, de hauteur variable, semble défier le temps. Leur légende est transmise par les anciens et nous renvoie aux origines de la population locale. Les sept premières statues représentent les sept premiers habitants de Rapa Nui envoyés par Hotu Matua, roi d'une île ancienne appelée Hiva, en quête d'une nouvelle terre, avant que la leur ne sombre dans l'océan. Les sept statues regardent en direction de leur ancienne patrie, l'île d'Hiva, engloutie par les flots. Cependant, l'île de Pâques compte environ un millier de statues et certaines incertitudes demeurent quant à leur signification exacte. On estime qu'entre 1000 à 1500 de notre ère, environ un millier de statues ont été sculptés, d'une hauteur variable entre 1 et 20 mètres, toutes suivant le même modèle, les yeux en corail blanc et en pierre ponce, coiffées d'un couvre-chef, venant d'une roche rouge de la carrière de Puna Pau. La plus grande de ces statues se nomme El Gigante, mesure près de 22 mètres et pèse 150 tonnes, alors que la plus petite ne mesure que 1,13 mètre.

Il suffit de s'approcher de Rano Raraku, l'un des volcans de l'île de Pâques, pour trouver la carrière, ayant permis la sculpture des statues. Cependant, cet endroit semble avoir été abandonné précipitamment avec des sculptures inachevées et d'autres à peine commencées. D'après les archéologues, en 1680 un événement inattendu et soudain aurait mis fin à la réalisation des statues.

« D'après les scientifiques, écrivent Irene Bellini, il n'y avait qu'une maigre végétation sur l'île, et par conséquent ni bois ni cordage pour sortir les statues de la carrière. Le transport était devenu impossible alors même qu'il faisait partie du rite : les yeux en corail blanc qui permettaient de « donner vie aux statues » en faisant la jonction entre le monde des morts et celui des vivants étaient exécutés une fois les statues érigées à leur place définitive. Selon la tradition, les ancêtres étaient enterrés dans les Ahu, les plates-formes sacrées servant de socle aux Moaï (statues). Encore de nos jours, les habitants de Rapa Nui (île de Pâques) les vénèrent et il est interdit de marcher dessus (…). L'exploratrice Katherine Routledge soutient que les Moaï ont été transportés grâce à un système de rampes utilisant des galets ronds pour faire glisser les statues. William Mulloy, enfin, le plus grand archéologue expert de l'île, a réussi en trois semaines, avec l'aide d'une douzaine d'indigènes, à transporter et à hisser un Moaï de 10 tonnes et de 4 mètres de haut, grâce à une sorte de luge, une fourche et des cordages. »[30]

La faible présence de bois sur l'île aurait finalement mis fin au transport des statues et donc à leur édification. Une légende raconte la présence de deux tribus différentes, les Longues Oreilles et les Oreilles Courtes. Entre 1680 et 1770, après des siècles de domination des Longues Oreilles, la tribu des Oreilles Courtes aurait trouvé la volonté et le courage de se révolter, vraisemblablement à l'époque des premiers témoignages de cannibalisme. Après une guerre longue et sanglante, une terrible bataille marqua la victoire des Oreilles Courtes, qui enterrèrent leurs adversaires dans une immense fosse commune, récemment retrouvée par des

---

[30] Irene Bellini et Danilo Grossi, op.cit.

archéologues. Témoin de ce bouleversement, le changement dans le mode d'habitation, qui devient une sorte d'igloo en pierre, sans oublier la démolition des statues. Les habitants de l'île n'étaient pas au bout de leurs peines : à compter de 1808, ils furent déportés pour être vendues comme esclaves dans les mines péruviennes. En 70 ans à peine, la population de l'île passe de 5000 à 111 habitants seulement !

Les premiers explorateurs trouvèrent des tablettes en bois gravé, portant des sortes de hiéroglyphes : l'énigmatique écriture Rongo-Rongo. De nos jours, il ne reste plus que 20 exemplaires de ces tablettes, contenant un total de 14 201 caractères. Personne n'a été capable de les déchiffrer. Le dernier sage capable de les lire est mort lors des déportations de 1862 vers l'Amérique latine. Ces tablettes étaient utilisées par les prêtres locaux durant certains rites, ainsi que pour jeter des sorts ou peur en délivrer ceux qui en étaient victimes. D'après le chercheur Steven Fischer, il s'agirait de textes sacrés relatant la création du monde, à travers des mythes érotiques. Cependant, le mystère reste entier, notamment lorsqu'on constate les similitudes de ces signes avec ceux retrouvés dans l'ancienne ville de Mohenjo Daro, en Inde, qui fut le centre d'une civilisation ayant existé entre 2500 et 2100 avant J.-C., avant de disparaître mystérieusement.

VIII

LE TRIANGLE DES BERMUDES

Des centaines de navires et d'avions ont disparu dans la région de l'Atlantique que l'on désigne sous le nom de Triangle des Bermudes. Dans cette zone maritime qui a la forme d'un triangle reliant les Bermudes, Porto Rico et la côte de Floride, un mystère demeure. La mauvaise réputation de cet endroit ne date pas d'aujourd'hui. C'est Juan de Bermudez qui découvrit ces trois cents îles minuscules en 1515. Mais dès 1492, Christophe Colomb, traversant l'océan dans les environs, décrit des phénomènes étranges : un éclair de feu englouti par la mer, le dysfonctionnement des boussoles, une étrange lueur sur les eaux. Pourtant, le climat était agréable, l'eau potable et la nourriture abondante. La position semblait idéale pour en faire un refuge ou une base d'approvisionnement. Malgré tous ces avantages évidents les Occidentaux dédaignèrent cet endroit durant près d'un siècle. Les marins l'évitait même délibérément. Ils le disaient hanté par les démons.

L'histoire moderne du Triangle des Bermudes débute avec la disparition du navire américain Pickering en 1800. En 1840, le voilier français Rosalie est retrouvé à la dérive, sans la moindre trace des équipages à son bord. De toute évidence, le navire n'a pas été victime des pirates, car la cargaison est intacte. Un 1854, on perd la trace du Bella, un bateau britannique qui faisait voile vers la Jamaïque. Puis la fréquence des disparitions s'accélère : en 1866, la Lotto, un trois-mâts suédois. Deux ans plus tard, le Viego, un navire marchand espagnol. En 1880, l'Atlanta, un navire école britannique avec ses 290 élèves officiers et tout son équipage. Et, en 1884, le Miramon, une goélette italienne. On peut citer également, en 1872, la Mary Céleste. En 1902, le trois-mâts allemand la Freya subit un sort identique à celui de la Mary Céleste : abandonné par son équipage, il errait à la dérive. Des dégâts laissèrent supposer qu'il avait été pris dans une violente tempête. Pourtant, rien de la sorte n'avait été signalé dans la région.

« En 1918, raconte Jacques Mandorla, c'était le tour du Cyclops, un navire charbonnier de bonne taille. Aucun SOS n'avait été envoyé. Pourtant, il y avait une radio à bord. Mais il y avait plus étrange encore : les messages qui restent indéchiffrables. Comment comprendre, en effet, le message suivant envoyé en 1925 par le Raifuku Maru, un cargo japonais : « Danger poignard. Au secours. Vite ! » Qu'a voulu dire l'opérateur radio ?

« Treize ans plus tard, en 1938, le vapeur l'Anglo Australian signala : « Temps idéal. Tout va bien », avant de pénétrer dans la zone fatale. On ne l'a jamais revu. »[31]

---

[31] Jacques Mandorla, *Le Grand Livre du Mystère*, éditions France Abonnements 1997.

En 1921, un navire abandonné est découvert : dans les cuisines, il y a encore le repas prêt à être consommé, la cargaison est intacte. Les uniques créatures vivantes à bord sont deux chats témoins muets de ce nouveau mystère.

L'un des épisodes les plus spectaculaires se déroule le 5 mai 1945, après le décollage de cinq avions de la marine des États-Unis de la base aéronavale de Fort Lauderdale. L'escadrille disparaît dans sa totalité après que le commandant eut transmis le message suivant : « Nous ne savons plus où se trouve l'Ouest… tout est si étrange… l'océan n'est plus comme d'habitude… nous survolons des eaux blanches. »[32] Puis, silence radio. Les avions ne serons jamais retrouvés.

Le Star Tiger était un appareil britannique qui assurait la liaison Açores-Bermudes. Il disparaît un jour de janvier 1948, après avoir envoyé le message suivant : « Conditions météo excellente. Arriverons à l'heure prévue. »[33] Cependant des stations radios auraient capté deux ou trois messages qui semblaient être émis de très loin, comme s'ils venaient d'une autre dimension. On pense qu'il s'agissait des derniers messages du Star Tiger.

Le 30 juin 1948, c'est au tour d'un quadrimoteur de disparaître. Au cours de cette même année, en décembre 1948, un Douglas DC3 disparut entre Porto Rico et la Floride. Le pilote avait transmis les informations suivantes :

---

[32] Jacques Mandorla, op.cit.

[33] Jacques Mandorla, op.cit.

« Nous approchons de l'aéroport. Nous ne sommes plus qu'à 80 kilomètres au sud. Nous apercevons les lumières de Miami. Tout va bien. Attendons les instructions pour l'atterrissage. »[34] La tour de contrôle de Miami répondit en vain. On ne retrouva jamais le DC3, bien qu'il eût disparu près des côtes, là où la profondeur de l'eau n'atteint pas plus de 6 mètres. Quelques jours plus tard un avion Tudor disparaissait dans les mêmes circonstances.

En juin 1950, par mer calme, un cargo costaricain disparut avec son équipage de 28 hommes. Le mystère s'épaissit lorsque le professeur Wayne Meshejian déclara que le satellite météorologique de la National Oceanographic Administration tombait systématiquement en panne chaque fois qu'il passait au-dessus du Triangle des Bermudes : « Une force que nous ne connaissons pas, précisa-t-il, empêche le passage des informations. »[35]

En février 1963, le cargo Marine Sulphur Queen semble s'être volatilisé avec tout son équipage. En 1976, c'est au tour du voilier High Flight de s'évanouir lors de son voyage Miami-Bimini.

Plusieurs hypothèses sont émises au sujet de ces mystérieuses disparitions. Certains auteurs soutiennent que dans ses fonds se trouveraient les ruines de l'Atlantide, d'où émanerait une énergie puissante qui capture les navires et les avions ; d'autres évoquent des puissances extraterrestres

---

[34] Jacques Mandorla, op.cit.

[35] Jacques Mandorla, op.cit.

provoquant de violentes tempêtes électromagnétiques. Pour certains, les ovnis seraient responsables, pour d'autres, une civilisation évoluée, issue de l'Atlantide, vivrait sous les eaux et s'intéresserait à nous. On a également pensé à d'éventuels trous noirs, ce qui provoquerait des ralentissements ou, au contraire, des accélérations dans le temps. Cette dernière hypothèse recoupe l'expérience d'un jeune pilote du nom de Bruce Gernon qui, après avoir traversé un étrange nuage, atterrit à Miami avec un quart d'heure d'avance sur le temps normal. Avait-il pénétré dans une autre dimension ? Autre exemple à l'appui de cette hypothèse, le cas d'un appareil de la compagnie Eastern Airlines qui, pendant dix minutes, disparut totalement des écrans de la tour de contrôle de Miami. Il réapparut soudain et atterrit sans aucun problème. Personne à bord n'avait rien remarqué d'anormal. Pourtant, les montres des passagers retardaient toutes de dix minutes !

Charles Berlitz, quant à lui, relie deux mystères : celui du Triangle des Bermudes et celui de l'Atlantide, le continent englouti, qui, selon lui, serait situé au large de Bimini, dans les Bahamas. Certaines inventions très avancées des Atlantes fonctionneraient encore, notamment une machine ou une arme capable de désintégrer nos avions et nos navires.

« Selon une hypothèse russe émise en 1978, écrivent Irene Bellini et Danilo Grossi, la cause de ces disparitions serait à rechercher – bien que les cyclones soient fréquents à ces latitudes – dans les vents très violents qui se forment à très haute altitude et qui provoquent des brouillards, particulièrement à la surface de l'eau. Ou encore dans les infrasons océaniques qui sont très courants dans ce type de régions. Ce qui est certain, c'est que le Triangle des Bermudes, le triangle maudit, n'a pas fini d'effrayer ceux qui s'en approchent et qu'il garde toujours son mystère dans la profondeur des abîmes. »[36]

---

[36] Irene Bellini et Danilo Grossi, op.cit.

IX

LE MONSTRE DU LOCH NESS

Dans la région du Loch Ness, en Ecosse, de très anciennes légendes rapportent l'existence d'une mystérieuse créature tapie au fond du lac. De nos jours, on cherche par tous les moyens à la photographier. Des sommes importantes sont promises à qui prouvera son existence.

Avec 39 kilomètres de long sur 2 kilomètres de large, d'une profondeur moyenne de 150 mètres pouvant atteindre 300 mètres par certains endroits, le Loch Ness est le plus vaste plan d'eau douce de Grande-Bretagne et l'un des plus célèbres lacs du monde. Loch, en écossais, signifie lac. Le Loch Ness se trouve sur le Great Glenn, une faille de l'écorce terrestre qui traverse le cœur de l'Ecosse. La région qui l'entoure reste d'une sauvage beauté, tandis que, sous l'eau, la visibilité est très réduite à cause des particules de tourbe en suspension.

La première apparition du monstre remonte à 565 après J.-C., lorsque dans ses chroniques saint Colomban décrit un homme attaqué et tué par une créature monstrueuse surgie des eaux du lac. L'attention des scientifiques est attirée vers les grandes profondeurs en 1850, mais pour des raisons télégraphiques : on pensait à l'époque que la vie s'arrêtait au-dessous de 300 à 500 mètres de profondeur.

Les premiers relevés bathymétriques des lacs d'Ecosse ne débutent qu'à la fin du 19ᵉ siècle. On s'étonne alors de leur profondeur. Ces lacs ont été creusés en même temps que les loughs irlandais et que les fjords scandinaves, à la fin de la dernière période glaciaire, il y a 10 000 ans. Juste après la fonte de glaces, le niveau de la mer s'était élevé et celle-ci les avait envahis. Puis, libéré du poids des glaces, le sol s'est soulevé, entraînant notamment le Loch Ness à 16 mètres au-dessus du niveau de la mer.

« Depuis toujours, écrit Jacques Mandorla, les légendes des peuples du Nord sont émaillées de monstres marins. Beaucoup font référence à une créature au long cou et au dos bombé. C'est probablement en leur honneur que les Vikings ornaient de « dragons de mer » la proue de leurs drakkars. En Scandinavie, autour du lac de Storsjö, on peut encore voir le matériel mis en place au 19ᵉ siècle pour capturer un monstre local. En Irlande, on parle beaucoup des kelpies (chevaux de mer) dans la région des loughs de Connemara. »[37]

Au 19ᵉ siècle, les aristocrates britanniques qui viennent chasser en Ecosse, près du lac, entendent parler du monstre du Loc Ness, en écoutant avec intérêt les récits des habitants du coin. Des visiteurs affluent et affirment apercevoir le monstre au lever du jour où à la nuit tombante. Les marins

---

[37] Jacques Mandorla, op.cit.

qui sillonnent les eaux sauvages du lac rapportent l'existence d'un énorme reptile amphibie avec un long cou et une petite tête. Une créature qui rappelle les plésiosaures du mésozoïque, entre 250 et 66 millions d'années avant notre ère, des créatures disparues depuis des millions d'années.

« Ces reptiles trapus, écrivent Irene Bellini et Danilo Grossi, avaient quatre membres en forme de nageoires, une courte queue, une tête allongée et un petit cou. Ils vivaient de préférence près de l'eau, mais bien que peu aptes à la plongée, ils pouvaient nager à des grandes profondeurs. Il est peu probable qu'ils aient pu survivre des millions d'années, surtout face à la concurrence d'espèces bien plus agiles qu'eux. De nombreux restes de fossiles découverts à différents endroits de la planète confirment pourtant que ces reptiles ont prospéré longuement et partout, avant de disparaître. »[38]

En 1933, une route touristique est construite sur la rive nord du lac, tandis que des arbres sont coupés pour améliorer la vue sur les eaux sombres. Peu après, les touristes se multiplient dans la région et le nombre de ceux qui ont « vu » le monstre grimpe en flèche. Un important article paraît dans la presse britannique le 14 avril 1933. Rapidement, le monstre du Loch Ness devient un sujet de curiosité journalistique, qui fait les choux gras de la presse à sensation du monde entier. À cette époque, le sonar et le scaphandre autonome n'existant pas encore, les biologistes

---

[38] Irene Bellini et Danilo Grossi, op.cit.

se contentent d'étudier les petits animaux et les algues du lac. Mais, on cherche cependant à s'assurer de l'existence du monstre dans ces eaux tourbeuses. On film inlassablement la moindre risée. On photographie le moindre objet flottant. Les archives se remplissent de témoignages plus ou moins intéressants, tandis qu'une foule de curieux guette avec avidité la moindre manifestation inhabituelle à la surface du Loch Ness.

Cette immense masse d'eau souvent très calme, avec une surface en mer d'huile, favorise la projection d'ombres inquiétantes issues des rives escarpées. Les illusions d'optique abondent, si bien qu'un oiseau, une branche ou le sillage d'un bateau peuvent produire des effets étonnants. Les témoignages oculaires décrivent un monstre rappelant le plésiosaure, que nous avons présenté auparavant. La créature se déplacerait assez rapidement.

En 1934, le commandant Ruppert Gould avance l'hypothèse qu'il s'agirait d'un spécimen de monstre isolé, pris au piège dans les eaux du lac. Par la suite, de nombreux témoins le contrediront, en affirmant avoir repéré plusieurs monstres en même temps.

Dans les années 1960, la technologie moderne a permis de nombreux relevés grâce au radar et au sonar. Un petit nombre de faits inexpliqués ont été ainsi recueillis. On a ainsi remarqué que les apparitions étaient plus fréquentes l'été, en particulier à l'embouchure des rivières qui se déversent dans le lac. En 1962, le Loch Ness Investigation Bureau, nouvellement créé, entreprend l'exploration du lac avec les appareils les plus modernes. Cependant, par manque de finances et en l'absence de preuves suffisamment concrètes, le bureau est fermé en 1972. La même année, grâce au sonar et à un certain nombre d'instruments d'enregistrement, l'on croit reconnaître la nageoire du monstre sur une photo. En 1975, une nouvelle exploration du lac a lieu. Parmi les nombreux clichés, un seul montre une créature avec un très long coup, rappelant le plésiosaure déjà cité.

Reste le problème des photographies prises par des particuliers : elles sont souvent fausses. Il est très facile de faire des photomontages de silhouettes monstrueuses sur fond clair. De plus, même lorsque les documents photos ne sont pas faux, beaucoup de clichés sont de mauvaise qualité, pris principalement avec des appareils photos médiocres. Au milieu des productions faussaires de tout poil, on trouve néanmoins des clichés étonnants. On pourrait dire que de bonnes photos du monstre sont fausses, tandis que les mauvaises ont des chances d'être vraies.

Les films de cinéma sont beaucoup plus difficiles à truquer et sont davantage pris en compte. Deux d'entre eux sortent vraiment de l'ordinaire. Le premier a été tourné par Tim Dindsdale, le 23 avril 1960, à l'embouchure de la rivière Foyers : on y voit une bosse se mouvoir lentement au loin, puis traverser le champ de la caméra avant de plonger. L'analyse du film a conclu que l'objet était « probablement en mouvement » et qu'il mesurait environ 1,70 mètres de largeur. Sa vitesse estimée était de 16 kilomètres à l'heure. Le second film a été tourné par Richard Raynor, le 13 juin 1967, à l'extrémité nord du lac. Il montre un sillage, à la tête duquel on aperçoit parfois un objet solide, déclaré lui aussi animé. Richard Raynor a expliqué que l'animal filmé évoquait pour lui une sorte d'immense otarie, dont la partie émergée atteignait 2 mètres de haut.

« Ce n'est qu'à partir de 1970, écrit Jacques Mandorla, que les chercheurs ont pu disposer de photographies sous-marines. Ce qui n'est pas forcément un avantage dans les eaux boueuses du lac. Les photographies les plus intéressantes ont été obtenues à l'aide d'un appareil à déclenchement électronique équipé de flash stroboscopique : elles montrent une sorte de nageoire… qui ne ressemble à aucune sorte de nageoire connue. Six autres clichés, pris par le docteur Robert Rines en 1975, montrent autre chose que la coque du bateau à laquelle était accroché l'appareil. Une chose qui n'a pas fini d'alimenter les discussions entre les partisans du monstre et les sceptiques. »[39]

---

[39] Jacques Mandorla, op.cit.

X

LE YÉTI

Si tout le monde a entendu parler du yéti, « l'abominable homme des neiges », grâce à la célèbre bande dessinée de *Tintin au Tibet* du dessinateur Hergé, quels sont les faits qui attestent de son existence ?

En 1974, une jeune Népalaise est attaqué par un yéti, une sorte d'énorme gorille qui a la particularité de se tenir debout comme un être humain. La jeune fille gardait un troupeau de yacks dans l'Everest à plus de 4000 mètres d'altitude. En 1978, Lord et Lady Hunt accomplissent un voyage au Népal, afin de commémorer la première ascension de l'Everest, réussie 25 ans auparavant. Ils découvrent de gigantesques traces de pas dans la neige, tout autour de leur refuge. Leurs photographies sont impressionnantes.

La singulière créature aurait été aperçu dans la province du Ho-Pei et de celle du Chan-Si, régions montagneuses et boisées de la Chine du Nord. Le témoignage de Pang Gensheng, un chef de village de 33 ans, ne manque pas d'intérêt. En juin 1977, alors qu'il coupait du bois dans les forêts des monts Taibi, dans le centre du Chang-Si, Pan Gensheng a reçu la visite d'un homme singe géant. Il raconte :

« Il s'approchait de moi. Je pris peur et me mis à reculer jusqu'à ce que j'ai le dos contre une paroi rocheuse. Je ne pouvais pas aller plus loin. L'homme velu, qui n'était plus qu'à deux mètres de moi, se rapprocha encore. Je levai alors ma hache, prêt à défendre ma vie. Nous sommes restés ainsi à nous épier, sans bouger, pendant plus d'une heure ! Ensuite, j'ai ramassé une pierre à tâtons, sans le quitter des yeux, et je l'ai lancée dans sa direction. Elle l'atteignit à la poitrine. Il poussa des hurlements et se mit à frotter l'endroit atteint de sa main gauche. Puis, il se tourna vers la gauche et s'appuya contre un arbre. Il est enfin parti lentement, vers le fond du ravin, tout en grognant. »[40]

L'homme singe, qui mesurait 2 mètres 10, avait un front fuyant, des yeux noirs très enfoncés, une mâchoire saillante et des dents larges. Ses longs cheveux bruns flottaient librement sur ses épaules. Son visage et son corps étaient recouverts de poils. Il marchait en écartant largement les jambes et les bras, qui, très longs, descendaient plus bas que ses genoux.

« Les chercheurs de l'Institut de paléo-anthropologie de l'Académie des sciences chinoises, écrit Jacques Mandorla, se sont largement penchés sur ces rapports et les ont attentivement étudiés. Sans pouvoir, à ce jour, résoudre l'énigme de l'homme sauvage du Chan-Si. Il faut

---

[40] Jacques Mandorla, op.cit.

simplement remarquer que la description détaillée fournie par Pang Gensheng correspond tout à fait au signalement des autres hommes bêtes aperçus dans les différentes parties du globe. Il faut également noter que, la plupart du temps, le comportement de ces créatures a été sensiblement le même. »[41]

En Russie, un programme d'études existe depuis 1955. Le docteur Jeanna Kofman est, depuis cette date-là, sur la pistes des yétis qui hanteraient le Caucase. Elle a déjà recueilli plus de 4000 témoignages. Parmi ceux-ci, celui de Mohamed Tomakov, un fermier de 39 ans, qui est parvenu à tendre un piège, dans une hutte de montagne, à un de ses yétis, près de Getmish, en 1946. D'après son témoignage, la créature avait un aspect humain, mais elle était entièrement velue. Elle pouvait se redresser sur ses deux jambes. Elle mesurait plus de deux mètres. Tomakov, qui avait vu le yéti pénétrait à l'intérieur de la hutte, avait bloqué la porte et était reparti chercher une corde. À son retour, la porte était ouverte et la hutte vide.

De nombreux témoignages se recoupent quant à la présence d'hommes singes dans le Pamir, montagnes qui prolongent au nord-ouest la chaîne de l'Himalaya. Ainsi, à l'été 1979, une expédition soviétique a relevé, dans la neige, des empreintes de pieds longues de 34 centimètres et larges de 17 centimètres à la hauteur des orteils, mais sans jamais apercevoir la créature qui avait laissé de telles traces.

---

[41] Jacques Mandorla, op.cit.

En Sibérie, d'autres hommes singes ont été signalés. En 1960, sur les rives de l'Obi, un chasseur a vu, un soir, deux de ces créatures déboucher soudain de la forêt. Effrayés par les deux monstres, les chiens du chasseur s'enfuirent aussitôt, sans qu'il leur arrive aucun mal. Stupéfait, le chasseur a eu le temps de noter que les hommes singes étaient couverts d'une toison sombre, qu'ils avaient des bras très longs et qu'ils marchaient les pieds en dehors. Leurs yeux lançaient des lueurs de rouge sombre.

En Iakoutie, vers 1920, des villageois ont aperçu un homme singe géant occupé à cueillir des baies sauvages : « Il était donc entrain de cueillir des baies, a raconté un des villageois, utilisant ses deux mains pour les porter à sa bouche. À notre vue, il se dressa soudain de toute sa hauteur. Il était vraiment très grand, il faisait bien deux mètres, et il avait des bras très longs, ainsi qu'une tignasse emmêlée. Sa tête avait à peu près la grosseur de celle d'un homme ordinaire, avec un front très bas et des arcades sourcilières très proéminentes, formant comme une visière au-dessus de ses yeux. Son menton était particulièrement fort, beaucoup plus développé qu'il ne l'est chez les hommes. Malgré tout, taille mise à part, il ressemblait vraiment à un homme. Il détala aussitôt. Il courait très vite, faisant un bond tous les trois pas. »[42]

Bien des théories ont été échafaudées au sujet des origines du yéti. Selon une des hypothèses les plus sérieuses, il descendrait du gigantopithèque, ce singe géant

---

[42] Jacques Mandorla, op.cit.

dont on a découvert les fossiles en Inde et en Chine. L'examen de ces restes indiquerait que le gigantopithèque vivait il y a au moins 12 millions d'années ; cependant, d'après certains chercheurs, il vivait encore voici quelque 500 000 ans. Durant ce même intervalle de temps, la chaîne de l'Himalaya a subi une élévation globale de 2500 à 3000 mètres. Du fait de ce brusque changement d'altitude, un grand nombre d'espèces se seraient ainsi trouvés isolés de leur habitat traditionnel.

Même dans les régions ou la densité de population est particulièrement importante, comme au Japon, on a aperçu des hommes singes. En 1970, plusieurs d'entre eux ont été repérés sur les pentes du mont Hiba, près d'Hiroshima. En 1974, un paysan s'est trouvé nez à nez avec un de ces créatures : « J'en suis resté pétrifié, a-t-il rapporté. Mais le pire de tout était la puanteur qu'il dégageait. On aurait dit qu'il s'était baigné dans du fumier ou dans une fosse septique avant de se sécher dans de la bouse de vache... J'ai cru que j'allais m'évanouir. Heureusement, j'ai quand même réussi à m'enfuir en courant, sans bien me rendre compte de ce que je faisais. Ma maison était à 8 kilomètres de là, et j'ai fait tout le trajet sans regarder derrière moi ! »[43]

Les indigènes et habitants occidentaux d'Australie ont également aperçu ce type d'animal. Le témoignage d'un employé du parc national de la région de Springbrook, dans le Queensland, est particulièrement intéressant ; en mars 1978, il a vu de très près un homme singe de plus de 2

---

[43] Jacques Mandorla, op.cit.

mètres : « J'ai eu l'impression, a-t-il raconté par la suite, d'une présence toute proche. Je lève les yeux et, à, à moins de 4 mètres de moi, j'aperçois une silhouette vaguement humaine, noire et velue. Cela ressemblait plus à un gorille qu'à n'importe quoi d'autre. Une de ses énormes mains était agrippée au tronc d'un jeune arbre, qu'elle entourait complètement. La bête avait une face aplatie, noire et luisante, avec deux grands yeux jaunâtres et un grand trou en guise de bouche. Nous sommes restés là, à nous regarder fixement. J'étais paralysé par la peur, si bien que j'étais incapable de lever la hache que j'avais à la main. Nous étions ainsi immobiles depuis une dizaine de minutes environ lorsque la bête libéra soudain une odeur nauséabonde, si infecte que je me mis à vomir. Elle tourna alors les talons et disparut rapidement. »[44]

Le même type d'animal a été aperçu dans diverses régions des États-Unis. Le dossier américain comprend à ce sujet plus de mille témoignages, répartis sur 150 ans. En 1924, Albert Ostman affirme avoir vécu la plus dramatique rencontre avec un de ces hommes singes. Il prétend avoir été kidnappé par l'un d'eux, en Colombie britannique, alors qu'il était encore endormi dans son sac de couchage. La créature, haute de 2 mètres 50, l'aurait emporté sur son dos, marchant près de trois heures avant de le déposer au milieu d'une famille de créatures du même type : un couple d'adultes et deux enfants. Lors de ses trois jours de captivité, Albert Ostman aurait eu tout le loisir de les observer et même de se lier d'amitié avec le plus âgé. Pour

---

[44] Jacques Mandorla, op.cit.

s'évader, le campeur aurait profiter d'un relâchement de la vigilance des étranges créatures.

D'après Lama Jigmé Rinpotché, célèbre moine bouddhiste tibétain, « le yéti était considéré comme un animal par les Tibétains puisqu'il ne savait pas communiquer selon le mode humain de communication. Or il ne s'agit pas d'une légende. Il n'y a plus de yéti au Tibet, mais certainement, soixante ou soixante-dix ans auparavant, quand ma mère était jeune, il en existait encore. C'est elle, en fait, qui me raconta l'histoire d'un médecin qui voyageait à dos de yack, d'un village à l'autre, chargé de médicaments, pour soigner les gens du Tibet oriental ; à un certain endroit, dans une forêt, il rencontra un grand singe qui marchait debout sur ses membres postérieurs, comme un homme : ce singe se mit à suivre le yack et le médecin, à très haute altitude, plus haut que le yack n'était jamais monté. Alors le yéti fit un signe au médecin, il était clair qu'il voulait qu'il le suive. Le médecin avait tellement peur qu'il obéit, abandonnant le yack et poursuivant à pied ; il gagna enfin une caverne, où gisait un être semblable au premier : il était malade, blessé à un pied, et avait une infection causée par une épine. Le médecin le soigna, si bien qu'il le raccompagna plus tard jusqu'à son yack. Quand nous avons quitté le Tibet, nous avons appris des Bouthanais que là aussi, au Bhoutan, il y avait une sorte de yéti ; ils le décrivaient haut de trois mètres, très poilu, avec un visage léonin. »[45]

---

[45] Entretiens de l'auteur avec Lama Jigmé Rinpotché en mars 2005. Lire également de Lama Jigmé Rinpotché, *A... comme Bouddha !*, éditions Amrita 1997.

XI

LES LAMAS TIBÉTAINS

On appelle tulkou un lama que les grands maîtres tibétains reconnaissent comme la réincarnation d'un lama précédent. Un tulkou passe à travers l'état de bardo, période intermédiaire entre la mort et une renaissance, sans perdre sa conscience propre et c'est pour cela que dès son enfance il se souvient de sa vie précédente. Cette conscience va de pair avec un autre but, qui est d'ailleurs typiques des bodhisattvas (êtres éveillés) : un tulkou se réincarne pour le bien des êtres sensibles. Le tulkou a le pouvoir de sa manifester librement en n'importe qu'elle forme convenable.

Le phénomène des tulkous s'est récemment étendu à l'Occident, et le film de Bertolucci, *Little Buddha*, n'est autre que la version romancée de faits réels survenus aux États-Unis et au Canada, où plusieurs tulkous, dont une femme, ont été reconnus. Il en va de même en Europe où un célèbre moine tibétain, Lama Yeshé, a repris forme sous les traits d'un jeune Espagnol.

Le lama intéressé prédit parfois les conditions de sa renaissance, par lettre confiée à une personne sûre, ou verbalement à divers témoins. C'est ainsi que sur seize

Karmapa (chefs spirituels tibétains de l'école Kagyupa), sept ont laissé des instructions écrites, quatre des instructions orales et cinq pas d'instructions du tout. Ces renseignements, sous forme explicite ou symbolique, décrivent le lieu de l'environnement de la future renaissance ainsi que les caractéristiques de la famille, voire le nom des futurs parents.

La grossesse est souvent marquée de phénomènes particuliers. Les rêves annonciateurs sont fréquents chez la mère enceinte ou les proches. D'autres phénomènes de types miraculeux marquent la grossesse : arc-en-ciel au-dessus de la maison, fleurs et arbres qui s'épanouissent en hiver, pluie de pétales tombant du ciel, guérisons miraculeuses de malades, l'eau des rivières se teinte d'une couleur blanche, sentiments extraordinaires de béatitude chez la mère...

L'enfant manifeste très précocement une intelligence hors du commun et un intérêt spécifique pour la vie religieuse. Il lui arrive de parler de son monastère et des moines qui vont venir le chercher, ce qui semble inexplicable dans son environnement. Plusieurs Karmapa ont déclaré dès le plus jeune âge : « Je suis le Karmapa. »

Mayoum, la mère de l'actuel Karmapa (le XVIIe), Trinley Thayé Dordjé, se souvient : « J'ai fait différents rêves. Je lui ai donné naissance après 10 mois et 10 jours de grossesse. L'infirmière et le docteur m'ont dit que, au moment de la naissance, il n'y a pas eu de sang mais un liquide blanc, comme de l'eau. Mipham Rinpotché avait insisté pour que mon père se trouve avec moi. Il m'a raconté qu'il y eut des arcs-en-ciel ce jour-là, mais je ne savais pas que mon fils était le Karmapa. Quand il avait 6 mois, nous étions à Lhassa. Un jour, je me trouvais avec Dordjé Kandro, la sœur du XVIe Karmapa, nous bavardions autour d'un thé. Mon fils était dans mes bras. À un moment donné, il a levé les mains et a dit : « Je suis le Karmapa ! ». Nous avons toutes les deux été très surprises qu'il puisse parler et Dordjé Kandro a été très touchée. Elle a toute de suite su que c'était vrai, elle était sûre que c'était lui ! Elle lui a confectionné de beaux vêtements, très doux, dans de magnifiques tissus. Elle me les as donnés, me demandant de prendre soin de cet enfant. Elle était très heureuse et a insisté pour que je fasse très attention au Karmapa. » (Karmé Guendune n°19, lettre de Dhagpo Kundreul Ling, septembre 2005).

De tels faits amènent les parents à se confier à des religieux, ce qui déclenche une enquête. Des moines du monastère, parfois lointain de la précédente incarnation, certains de ses familiers ou de ses disciples, peuvent venir voir l'enfant pour vérifier s'il a conservé des souvenirs de sa vie antérieure. L'examen porte sur la reconnaissance d'objets personnels (bol, chapelet, instruments rituels…) appartenant au défunt, qu'on présente à l'enfant soigneusement mélangés avec plusieurs autres objets semblables mais étrangers. Le tulkou doit choisir les authentiques.

On vérifié également s'il est capable de reconnaître les familiers de sa vie antérieure, dont il peut donner les noms accompagnés de divers détails intimes, évidemment impossibles à connaître par les voies normales.

Pour certains grands lamas, il existe enfin des marques corporelles secrètes, huit pour un Dalaï-Lama, qui achèvent la reconnaissance du tulkou. Notons enfin que deux moyens de sélection sont aussi largement utilisés, qui ne sont pas à la portée de l'investigation scientifique ordinaire : la clairvoyance d'un lama réalisé et la consultation d'un des oracles professionnels du gouvernement tibétain.

On a beaucoup parlé de l'histoire étonnante d'un jeune tulkou, né en 1995, reconnu comme la réincarnation d'un dignitaire religieux, Tenzin Rabgyé, ancien régent du Bhoutan, décédé il y a trois cents ans. La mémoire intacte, l'enfant, âgé de trois ans, a donné des détails stupéfiants de sa vie antérieure devant une équipe de scientifiques occidentaux, créditant ainsi la thèse d'une continuité de la conscience par-delà la mort. Grâce à lui, il a été possible de retrouver des objets égarés depuis trois cents ans dans certains temples !

J'ai fait la connaissance de plusieurs maîtres tibétains, qui, d'âge en âge, ont démontré leur maîtrise de la conscience, de la mort, et par conséquent de la renaissance. Imaginez la scène : un grand méditant s'approche du passage fatidique, du moment où il va mourir. Au lieu de s'allonger passivement, pour ressentir toute une gamme de sensations et d'émotions comme la plupart d'entre nous le feraient, il s'assoit le dos bien droit, calme, et, tout en rassemblant la puissance née d'une concentration suprême, il contrôle réellement la conscience tandis qu'il quitte le corps, en passant par les différentes étapes de cette transition. En se maintenant dans un état d'éveil complet, il parvient enfin au stade ultime, celui de la Claire Lumière pleinement bienheureuse, qui accompagne l'émergence de la forme la plus subtile de l'esprit. C'est là pour lui l'occasion suprême, une chance en or. Car dans cet état lumineux, l'adepte peut atteindre la Réalité absolue, briser les chaînes du karma. Il est libre, enfin ! Le méditant, qui n'est plus contraint d'errer de vie en vie sans aucune maîtrise, a gagné l'état de paix et de bonheur permanent : le nirvana, ni plus ni moins. Les plus évolués parmi les méditants accomplissent alors le sacrifice suprême : poussés par une compassion débordante, ne supportant pas de voir la souffrance humaine, ils renoncent volontairement au nirvana et choisissent plutôt de revenir sur terre pour guider leurs semblables vers l'Éveil. Ils accomplissent l'acte le plus noble et le plus courageux qu'il soit : reprendre un corps humain, avec toutes les limitations et les souffrances que cela peut impliquer.

Certains grands lamas ont laissé, au moment de la mort et de la crémation, des signes tels que des empreintes de pas miniatures dans les cendres, des reliques, des lettres ou encore des symboles apparaissant dans les nuages de fumée du bûcher d'incinération, indiquant une direction précise de la prochaine renaissance.

Sa Sainteté le Dalaï-Lama écrit au sujet de la réincarnation :

« Une pratique spirituelle, qui s'envisage sur un nombre infini de renaissances et sur des temps qui dépassent nos concepts habituels, intègre la mort dans une perspective très différente, bien plus vaste. La mort n'est plus une fin inéluctable, terrible. Elle n'est plus un terme. Elle ne marque plus l'achèvement d'une vie humaine qui disparaît à jamais. La mort devient l'un des moments d'une existence qui se déploie sur des cycles infinis. Dans ce contexte – d'une succession de naissances et de morts -, cet instant où l'on laisse son corps ne représente rien de plus que le fait de changer de vêtement. Un vêtement usé, usagé à l'image de ce que sera notre organisme lorsque la vieillesse nous aura rejoint. On le quitte, on le troque contre un neuf, et notre évolution spirituelle se poursuit. »[46]

Le corps physique est-il le support matériel d'une énergie spirituelle qui persiste même après le décès ? Le culte des reliques accrédite cette thèse, notamment dans le bouddhisme tibétain. Toute leur vie les lamas obtiennent des réalisations spirituelles, par la méditation, la prière, les pratiques spirituelles, imprégnant de façon concrète leurs corps physique. Ces personnages charismatiques, assimilés à des saints, irradient de vertus. Lorsque l'un d'eux meurt, sa dépouille reçoit un traitement spécial : la plupart sont incinérés, et, dans certains cas, une momification est pratiquée. Ajoutons le cas particulier du Corps Arc-en-Ciel, généralement attribué aux grands pratiquants, qui, une fois morts, diminuent progressivement, puis se résorbent finalement dans une lumière d'arc-en-ciel, pour ne laisser que leurs ongles et leurs cheveux. D'autres, en revanche, se résorbent en totalité. Ces faits, souvent observés au Tibet, demeurent une énigme biologique pour les scientifiques occidentaux.

---

[46] Cité par Karmé Guendune, lettre de Dhagpo Kundreul Ling, septembre 2005.

Dans le cas de la crémation, les cendres sont minutieusement inspectés, puis les reliques sont mises de côté : il s'agit le plus souvent de petites billes blanches et dures, appelées ringsel, mais on peut aussi trouver des lettres sanskrites, ou des formes de divinités, se formant sur les os du défunt. Souvent, la divinité représentée correspond à celle que le lama invoquait le plus souvent de son vivant. Enfin, il arrive que les yeux, la langue et le cœur ne se consument pas malgré le feu, signe de la grande maîtrise des supports du corps, de la parole et de l'esprit du Bouddha : ce fut le cas par exemple du seizième Karmapa.

La momification, plus rare, n'en est pas moins génératrice de reliques, avec également l'apparition de petites perles ringsel. Les cheveux et les ongles de la momie continuent à pousser. Le fait de la voir est souvent bénéfique dans le traitement de certaines maladies. On raconte qu'en détruisant le stoupa (reliquaire) où reposait le corps de Tsongkhapa, grand maître tibétain du XVe siècle, l'armée chinoise prit peur en découvrant un corps parfaitement conservé, dont les cheveux et les ongles avaient continué de pousser.

Une fois les reliques prélevées, après les funérailles du lama, elles sont distribuées en quantité minime à ses proches disciples, qui en prennent le plus grand soin, les déposent dans un réceptacle propre, les enveloppent dans un tissu, puis les mettent le plus souvent sur leur autel, ou dans un reliquaire. Les stoupas représentent un autre lieu de dépôt traditionnel. Dans ce cas, les reliques sont enchâssées dans des cassettes emboîtées les unes dans les autres, puis le tout est déposé au niveau de la partie médiane du stoupa, appelée le vase. Lors de la consécration du stoupa, un texte est rédigé qui contient le détail des divers objets sacrés, déposés à l'intérieur, dont les vertus continuent à se répandre, « comment un vent sacré autour du stoupa », et bénéficieront à tous ceux qui viennent rendre hommage, en effectuant des tours autour de l'édifice.

Les reliques connaissent une série d'usages divers. Dans un stoupa, elles accomplissent leurs bienfaits à l'ensemble de la communauté bouddhique et même au-delà. Elles peuvent également être offertes comme remède à un malade, ou à un mourant afin de lui assurer une heureuse renaissance. Le sacré change ainsi de support, passant du corps à ses reliques. Posséder une relique, c'est un peu comme avoir chez soi le maître dont les qualités continuent à se diffuser au-delà de la mort. Il n'en demeure pas moins que la connexion spirituelle, d'esprit à esprit, avec un lama, même décédé, est tout aussi efficace pour progresser spirituellement.

Des lamas de Dhagpo en Dordogne et du Bost en Auvergne m'annoncent que des reliques existent dans les urnes funéraires de Lama Guendune Rinpotché, un grand maître tibétain décédé en 1997 en France. Une pratiquante bouddhiste m'a présenté une relique de ce lama hors du commun, sous forme de ringsel (petite bille rouge).

Tarab Tulkou Rinpotché fut un des érudits les plus éminents du bouddhisme tibétain, diplômé par le titre le plus élevé de Geshé Lharampa (docteur en philosophie) du monastère de Drepung. Il vécut en Occident durant trente ans, et fut le directeur des sections tibétaines de la Bibliothèque royale et de l'Université de Copenhague.

Pendant vingt ans, il dirigea séminaires et formations relatifs au bouddhisme. Il a quitté son corps au cours de l'année 2005. Lors d'une interview réalisé avant sa mort, il s'étendit longuement sur la réincarnation. Je lui demandai comment on avait découvert qu'il était un tulkou, la réincarnation d'un grand maître tibétain ?

« Comme réincarnation du passé, dit-il, vous avez la sensation du passé. Pour certains, il s'agit simplement de sensations, mais pour d'autres, il existe le souvenir de choses concrètes. Dans le cas des lamas réincarnés, il y a un aspect particulier à prendre en compte : vous êtes conduit à rencontrer des gens qui vous posent constamment des questions relatives à votre vie antérieure, comme si vous aviez accès à plus de réalités, où, dit autrement, un champ plus large de réalités. Dans mon cas, selon ma famille, il semble que je montrais, avant l'âge d'un an, un intérêt tout particulier pour les rituels, les moines, les nonnes ainsi que les cérémonies religieuses. Pour réussir à me contenter, le soir, mes parents devaient m'emmener près de Lhassa, la ville sainte, et en direction du monastère de Drepung. On m'a rapporté que je récitais également des mantras, ce que ma mère essaya de cacher, parce qu'elle était effrayée à l'idée que quelqu'un puisse penser que j'étais la réincarnation d'un lama. Comprenez que si telle était la situation, cela signifiait qu'elle me perdait. En tout état de cause, comme les pommiers étaient en fleur au moment de ma naissance, à la fin du mois de décembre, et que l'eau de la rivière s'était teintée en une couleur blanche, il ne fut pas difficile aux moines de mon monastère d'être guidée jusqu'à la maison de ma famille ! »

Tarab Tulkou Rinpotché aborda ensuite la question de la mort d'après la tradition bouddhique tibétaine :

« La vision bouddhiste de la mort est circulaire. La naissance est un nouveau commencement, puis vient la mort qui conduit à une nouvelle création, une autre naissance. Ainsi, il existe un lien entre la fin de quelque chose et le nouveau départ, il n'y a pas de rupture entre les deux. Tout phénomène est transitoire. Sur le plan humain, en naissant, nous manifestons notre corps et notre esprit à partir et avec notre énergie. Quand nous mourrons, le corps connecté à l'esprit se transforme en une subtile énergie corps-esprit, jusqu'au dernier stade du processus de mort, et à partir de là, une nouvelle étape de création commence : nous entrons d'abord dans un corps de bardo, qui n'est pas solide mais est une énergie corporelle, et de là nous nous manifestons finalement dans un corps plus grossier, celui d'une nouvelle incarnation. Ainsi le bouddhisme considère la naissance et la mort comme un cercle sans interruption, sans disparition. Le mouvement cyclique de l'existence est davantage comme une transformation continue ou une pulsation de l'énergie vers la matière et de la matière vers l'énergie, à différents niveaux de subtilité. »

Il aborda la peur de la mort, si présente en Occident, sous forme de fuite :

« Normalement, chaque être humain est effrayé par la mort. Nous avons la volonté d'exister de façon formelle, avec notre corps. Cela est lié à notre façon spécifique d'envisager l'existence. De plus, les humains, à la différence des animaux et de plantes, sont conscients de cette volonté. L'obscurité est comme un grand vide où les formes disparaissent. C'est la raison pour laquelle tant de personne ont peur du noir. Nous avons donc peur parce que nous nous identifions avec le niveau formel de l'existence. Quand nous mourons, nous savons que nous devrons quitter notre corps, qu'il ne fonctionnera plus.

« Cependant, dans le processus de la mort lui-même, les capacités sensorielles se dissoudront les unes après les autres, et nous perdrons notre lien habituel avec le niveau de la forme. La peur finira par disparaître. Les humains ont donc peur de mourir à cause de leur forte connexion ou identification avec le niveau de la forme. Mais si, de plus, ils n'acceptent pas l'idée de la réincarnation, cette peur se renforcera, car ils s'attendront à disparaître complètement. D'un autre côté, dans les cultures d'Asie, où l'idée de réincarnation est solidement implantée dans la vie des gens, il existe une forte sensation d'un courant de continuation, qu'il n'est pas facile de troubler. La croyance en un système karmique est également prégnante. En se fondant sur ces postulats, les gens apprennent différentes techniques et méditations pour se préparer eux-mêmes à leur prochaine vie. Ces facteurs réduisent naturellement la peur de la mort et de mourir. »

Il présenta la manière de se préparer à la mort, suivant le bouddhisme :

« Selon le bouddhisme, le préalable est l'acceptation de l'idée de réincarnation. Partant de ce postulat, cette voie spirituelle donne nombre de conseils sur la façon de vivre pour s'assurer une bonne incarnation future, ainsi que des méthodes de méditation afin de changer et de transformer nos empreintes négatives, notre identité vulnérable.

« Plus généralement, il est toujours utile d'avoir confiance et de se sentir soutenu par l'objet de sa foi. Une personne bouddhiste ayant une foi totale dans les trois joyaux, Bouddha, Dharma (enseignement bouddhique), et Sangha (communauté bouddhique) ou dans une divinité tantrique spécifique, bénéficiera d'un soutien incontestable au cours du processus de la mort. Il en sera de même pour une autre personne ayant une autre croyance religieuse. Cette confiance et ce support d'un « être supérieur » ou d'une « énergie » auront pour effet que la personne suive de façon automatique le processus de la mort naturel, le retour à l'énergie de base, avec moins de peur, voire sans aucune peur.

« Le bouddhisme a développé toutes sortes de méthodes pour se diriger vers la voie correcte dans le processus de la mort. Une méthode très célèbre est le powa, le transfert de conscience ou moment de la mort. Où transférez-vous votre conscience ? Dans le powa traditionnel, il est dit que vous transférez votre conscience en Dewatchen, qui est la terre pure du Bouddha Amithaba. Selon la tradition du bouddhisme mahayana, vous pouvez demander de l'aide aux bodhisattvas (êtres éveillés ou divinités tantriques) pour vous guider jusque-là, et quand vous y êtes arrivés, vous trouvez toutes les pratiques et les enseignements qui vous seront utiles et qui vous permettront de ne jamais retourner à une naissance inférieure. On note cette sorte de powa « powa magom sangye », ce qui signifie quelque chose comme transfert par le fait duquel on peut devenir un Bouddha sans méditation. »

Quels sont les liens existants entre nos références et l'expérience de la mort ?

« Nos propres références ont des répercussions sur nos sensations et notre identité. Plus notre identité est stable et véritable, moins nous avons peur. Si vous croyez en la réincarnation, alors vous devez admettre qu'il existe une sorte de « soi », avant et après que votre corps soit né ou mort. Dans ce sens, la conception du « soi » n'est pas limitée à l'idée conceptuelle de soi-même, cela n'est pas étroit. Alors, il devient plus probable que vous puissiez suivre le processus naturel de transformation de votre propre identité, dans le processus de la mort, sans peur. D'autre part, si vous n'avez aucune idée de vous-même après la mort, l'idée de soi se fixe facilement et se limite finalement à la perception superficielle que vous avez de vous-même. Et comme vous devez délaisser cette idée et cette perception superficielle que vous avez de vous-même quand vous mourrez, la peur survient naturellement. Vous avez peur de disparaître, parce que vous êtes complètement identifié à ce qui va complètement disparaître pendant le processus de la mort. Je donne quelquefois l'exemple d'un arbre. Quand vous êtes identifié à une feuille sur cet arbre et que cette feuille tombe, vous avez un problème. Mais si vous pouviez voir la branche entière, et qu'à un niveau plus profond encore, vous êtes le tronc de cet arbre, alors le mouvement continu de la feuille qui tombe et des nouvelles feuilles qui apparaissent ne vous touche plus tant que cela, parce que vous vous êtes identifié avec un niveau plus profond d'être.

« Ainsi, si vous comprenez la nature interconnectée des liens entre les causes et les effets, et la nature transitoire de toute chose, alors vous aurez une autre perception de vous vous-même, votre propre identification devenant différente et votre peur d'être détruit décroissante. »

Comment décrierez-vous le processus de mort et de renaissance ?

« Dans le processus de mort, vous entrez d'abord dans l'absorption des pouvoirs des éléments : dans un premier temps, l'élément terre de manifestation et de structuration relâche son pouvoir ; dans un second temps, l'élément eau de l'énergie de cohésion qui maintient ensemble les différents composants, désintègre son pouvoir ; puis l'élément feu de maturation (l'énergie qui fait croître l'identité) relâche son pouvoir ; suivie par le relâchement du pouvoir de l'air, la force de mobilité qui est la base de la création. À la fin de ce processus, la respiration cesse et la personne est cliniquement morte. Cependant, selon la tradition tibétaine, ce point est juste un changement vers un autre type de niveau corps-esprit centré sur l'énergie, au-delà de la matière. Ce qui suit sont les différentes expériences de l'élément espace, notre potentiel naturel : l'expérience du blanc, du rouge, du noir, un processus qui conduit naturellement à la Claire Lumière. La Claire Lumière est le point final du processus de dissolution de notre existence formelle, existence duelle, vers le non-duel. Par conséquent, c'est un point charnière à partir duquel un nouveau cycle de manifestation s'effectue, d'une énergie subtile vers une forme de plus en plus grossière du vivant, s'achevant au niveau de la matière.

« Ces visions sont respectivement la vision blanche (comme si l'on était éclairé par la pleine lune) qui s'efface pour laisser la place à la vision rouge (semblable à la lumière de l'aube) puis à la vision noire (le noir absolu) et enfin à l'expérience ultime, La Claire Lumière, qui est par nature béatitude indicible et dépasse tout ce que l'on peut connaître dans sa forme charnelle. Il intéressent de noter que les deux derniers stades de la mort, tels que décrits par les Tibétains, coïncident exactement avec les récits de NDE (Near Death Expériences, Expériences de mort imminente) que font, en Occident, des gens « cliniquement » morts mais que l'on a pu réanimer. Ils parlent d'un long tunnel noir à la sortie duquel ils émergent dans une lumière indicible qui les emplit d'un bonheur infini.

« Si quelqu'un est entraîné à utiliser l'énergie corporelle (le corps du rêve est aussi une énergie corporelle, et a souvent été utilisé pour cette sorte de pratique), dans le bardo, il peut pratiquer différentes sortes de techniques avancées afin d'influencer la prochaine incarnation dans une direction positive. Cette pratique concerne la reconnaissance d'attraction positive. Cette pratique concerne la reconnaissance d'attractions-rejets, qui devraient être évitées et transcendées. »

Est-ce que la mort et la réincarnation sont les mêmes pour une personne « ordinaire » et pour celle qui s'est consacrée à la pratique de la méditation bouddhique ?

« Dans la tradition tantrique, il existe une « pratique de méditation de la mort », où l'on peut s'entraîner à traverser le processus de l'absorption des éléments de la Claire Lumière, et celui de la manifestation de la renaissance. Un adepte avancé verra finalement le processus de la mort comme une formidable opportunité d'atteindre un état très profond de méditation. Ayant développé la maîtrise des différentes étapes de ce processus et conscient de ses propres capacités, il gagnera en confiance et sa peur sera totalement dépassée. Cependant, le principal but de la méditation n'est pas de se préparer à sa mort ou sa renaissance, mais d'acquérir le pouvoir de sortir de notre corps-esprit grossier pour atteindre un niveau subtil d'existence. Les personnes ordinaires ne contrôlent pas le processus de mort ou celui d'une nouvelle naissance, elles y sont seulement projetées par les forces naturelles de l'existence. Et habituellement, l'on perd conscience bien avant la Claire Lumière, en se réveillant dans le bardo, comme lorsqu'on s'endort et que l'on se réveille dans l'état de rêve. Mais si quelqu'un est capable d'avoir un contrôle intérieur ou la force de suivre consciemment le processus naturel de la mort, il a la possibilité de pénétrer, avec son existence entière, dans la nature non duelle de l'univers, à la frontière entre le samsara et le nirvana. En mourant, une telle personne peut s'absorber dans l'état de l'esprit de la médiation non duelle pendant un temps considérable. Certains peuvent rester absorbés dans la Claire Lumière pendant des semaines.

« Quand une personne ordinaire est morte, vous le remarquez immédiatement. Quant à ces pratiquants très particuliers, qui sont capables de rester dans l'état de méditation de la Claire Lumière, eux peuvent rester dans une posture physique (la position du lotus) aussi longtemps qu'ils demeurent au stade de la Claire Lumière, ceci, des semaines après que leur cœur a cessé de battre et qu'ils ont cessé de respirer. Une forte énergie émane d'eux pendant cet espace de temps, qui peut être beaucoup plus intense que lorsqu'ils étaient vivants et en bonne santé, ce qui est particulièrement perceptibles s'ils ont été malades et affaiblis avant leur mort. Leur corps devient également plus petit lorsqu'ils ont pénétré ce stade. On a même vu des maîtres qui, à ce stade, peuvent dissoudre complètement leur corps, restant vivant uniquement derrière leurs ongles et leurs cheveux. Ces phénomènes et bien d'autres se sont produits au Tibet lors de la mort de grands lamas. Par exemple, mon grand-oncle, le régent du Tibet avant le Dalaï-Lama actuel, a été brûlé après sa mort, et dans un de ses os pariétaux on trouva une excroissance qui avait pris la forme d'une syllabe germe, la principale lettre d'un mantra. Il y avait une autre marque dans l'os au niveau du genou.

« La façon dont on peut comprendre ces manifestations consiste à dire que, par la force acquise dans la pratique tantrique, certaines personnes réussissent à maîtriser le processus de l'énergie et celui de l'unité de la nature, qu'ils renvoient dans la matière. »

Dans le bardo, l'être a-t-il un corps ?

« En étant dans le bardo, on se manifeste comme un être du bardo. On adopte un corps particulier, avec des sens spécifiques, qui ont des limites dans l'espace-temps, différentes de celle de notre corps physique. Par exemple, les êtres du bardo peuvent traverser les murs et les montagnes, comme lorsque nous utilisons le corps du rêve. De même, nos perceptions ne sont pas limitées à nos perceptions physiques, ce qui a pour conséquence que l'esprit du bardo s'avère plus sensible. Ainsi, lorsque quelqu'un n'a pas acquis la maîtrise du corps-esprit du bardo, il perçoit de trop fortes impressions.

« Par ailleurs, il existe beaucoup de catégorises de bardos, et on dit que les différents êtres du bardo ne peuvent communiquer entre eux. Par exemple, les êtres du bardo de la sphère des désirs, comme les humains et les animaux, ne peuvent communiquer avec les êtres du bardo de la sphère des êtres qui ont la forme des dieux. Cependant, si un lama a des pouvoirs spéciaux de méditation, il est capable de se connecter avec les états de bardo. Il y a des rituels où l'on peut faire appel aux êtres de bardo, et enseigner comment les pratiquer. Dans ce contexte, le célèbre *Livre tibétain des morts* est lu à haute voix à l'être dans le bardo. Le bardo dure normalement 49 jours, mais ce ne sont pas 49 jours à échelle humaine. Cela pourrait aller jusqu'à des siècles, selon la catégorie de bardo dans lequel l'être se trouve. »

Quelle est l'influence du karma dans le processus de la mort et de la réincarnation ?

« Karma signifie action, celle-ci pouvant donner un résultat dans le futur. Cette action peut être universelle ou personnelle. À un niveau universel, il existe des lois naturelles qui impliquent qu'à une certaine cause s'associe un certain résultat. C'est une loi universelle. Sur un plan personnel ou humain, les actions karmiques les plus conséquentes sont les actions mentales. De ces actions mentales découlent les actions verbales ou physiques. On peut avoir des actions mentales paisibles, qui produiront un résultat paisible, et d'autres violentes, dont découlera un résultat violent. La conséquence sur le processus de la mort est qu'avec une nature mentale paisible, votre énergie est plus paisible, et que tout le processus vous conduira dans une direction plus paisible. »

Que se passe-t-il dans le cas d'une mort violente ? Comment aider une personne mourante ?

« Ce n'est pas tant la situation extérieure qui est le facteur déterminant, mais la question de savoir si cela perturbe la personne mentalement. Un esprit en paix donnera toujours le meilleur résultat. Mais, bien sûr, les circonstances extérieures peuvent influencer l'esprit. Dans la tradition tibétaine, on dit que lorsqu'une personne est mourante, on devrait maintenir un environnement le plus calme possible, et on devrait surveiller qu'aucune réaction émotionnelle ne soit provoquée chez elle. C'est identique dans le processus de l'endormissement : si l'esprit est négatif avant d'aller se coucher, cela influencera l'état de sommeil, et, de la même façon, un esprit calme évoluera dans un sens positif. Il existe beaucoup de liens entre l'état de sommeil et le processus de mort. Selon le yoga du rêve, lorsqu'on travaille l'endormissement, on se prépare au processus de mort, et lorsque l'on travaille avec nos rêves, on se prépare à l'état de bardo.

« L'important, si l'on désire assister quelqu'un pendant le processus de la mort, est de l'aider à être dans un état mental calme, où il ne sera pas perturbé par des fortes émotions. Même si la personne mourante est très matérialiste et n'a pas idée de la continuation de la vie après la mort, on peut l'aider dans ce chemin. Si l'on pratique soi-même, on peut également se centrer sur la sensation de la partie du chakra du cœur, notamment pour se fortifier soi-même et avoir une attitude ouverte face à elle, et ainsi lui apporter un soutien, puisque l'énergie du chakra du cœur, selon la tradition tibétaine, est équivalente au stade final de mort. »

Comment avez-vous eu connaissance de tout cela ?

« En termes de réincarnation, si nous considérons l'univers, on peut voir que tout dans la nature a une propension à la continuation, et une autre au rejet de ce qui menace la survie. L'énergie basique de la réincarnation est une telle énergie. Vous pouvez voir le principe de continuation comme une règle universelle de l'existence. Nous pouvons également observer qu'aucune forme ne reste fixe, mais qu'un phénomène est fondé sur un changement et un échange continu, apparition et disparition de ces plus petits composants.

« En ce qui concerne la connaissance du processus de la mort et du bardo, il existe des pratiques spirituelles de la mort qui permettent aux yogis et aux yoginis de bouger avec leur propre état de l'énergie vers la matière et vice versa, et qui ont enrichi la connaissance de ce processus. »[47]

En tant que chef spirituel de la branche Kagyupa du bouddhisme au Tibet depuis le XIIe siècle, le Karmapa incarne, représente et guide toute l'énergie spirituelle accumulée par cette lignée. En ce qui concerne les tulkous, les enseignements tibétains nous apprennent que, bien que l'on soit libéré au moment de l'illumination des forces qui

---

[47] *Sages paroles du Dalaï-Lama*, présentées par Catherine Barry, éditions n°1, 2001.

amènent les êtres à renaître, une intelligence illuminée transcende les notions habituelles d'individualité et d'ego et peut décider de continuer à se manifester, pour le bienfait de tous les êtres. C'est ainsi qu'une telle intelligence illuminée continue à reprendre toute une série de naissances humaines. Sa Sainteté le Gyalwa Karmapa (tout comme le Dalaï-Lama dans la branche Guelugpa) est donc un tulkou qui s'est manifesté jusqu'à présent dans dix-sept incarnations, dans la plus ancienne fut celle de Tusom Khyènpa (1110-1193).

Randjoung Rigpé Dordjé, le seizième Karmapa, naquit en 1924. De même que les précédents Karmapa, ils fut découvert grâce à une lettre laissée par son prédécesseur et qui prédisait le moment et le lieu de sa nouvelle incarnation. Dès sa petite enfance, il montra une extraordinaire sagesse naturelle et reçut la formation complète de méditation qui est traditionnellement donnée à un Karmapa. C'est à lui qu'incomba la lourde tâche de préserver l'héritage méditatif de l'ordre Kagyu, au moment où se désagrégeait la société qui en avait été le berceau pendant des centaines d'années. Sa Sainteté fut l'un des premiers à voir clairement la signification des agissements des Chinois au Tibet, ce qui lui permit d'amener avec lui dans sa fuite vers l'Inde, via le Bhoutan, en 1958, un important groupe de moines de son monastère, ainsi qu'un grand nombre de précieux objets et textes rituels.

Lama Jigmé Rinpotché, directeur spirituel du centre tibétain de Dhagpo Kagyu Ling en Dordogne, raconte : « Quand le seizième Karmapa abandonna son corps en 1981, son équanimité face à la vie ou à la mort était absolue, si bien que sa mort devint elle-même un autre enseignement pour tous ceux qui demeuraient auprès de lui. Il avait été un homme robuste pendant toute sa vie, et même le cancer s'était réduit de lui-même, si bien qu'en réalité il n'est pas mort d'un cancer. Peu avant de mourir, il attrapa toutes les maladies possibles des gens présents dans l'hôpital, de la pneumonie à l'infection du sang, et à chaque fois il guérissait spontanément de chacune d'elles avant d'en attraper une autre. Les malades sortaient de l'hôpital guéris !

« L'opinion des Tibétains à ce propos est que le Karmapa s'est, en fait, chargé du karma négatif d'autrui, comme le font particulièrement les grands maîtres, qui sont capables de supporter la souffrance mieux que les autres. Selon les médecins de l'hôpital de Chicago, sa souffrance devait être insupportable, et pourtant il passait beaucoup de temps à leur expliquer qu'en fait il ne souffrait pas. Mais naturellement les médecins voulaient le soumettre à leurs différents traitements, au point qu'il disait : « Laissez-les faire ce qu'ils veulent. » Il désirait en fait que chacun développe sa propre fonction, et il savait que les médecins agissaient poussés par la compassion (…). Et le traitement n'était pas plus tôt fini que le Karmapa se réveillait et commençait à se comporter comme si tout était normal, donnant des enseignements, parlant et expliquant ce qui était arrivé (…). Il donna des indications sur sa prochaine incarnation. »[48]

Le docteur Radulfo Sanchez, chef de service dans lequel se trouvait le seizième Karmapoa, témoigne :

« Je me rendis dans sa chambre, trente-six heures environ après son décès. Je tâtais la région du cœur : elle était plus chaude que le reste du corps. Il n'y a à cela aucune explication médicale. »[49]

Les Karmapa ont des pouvoirs surnaturels, comme arrêter les tempêtes et les épidémies, fait pleuvoir des fleurs en hiver ou rendre la vue aux aveugles. La reconnaissance des tulkous importants de la lignée Kagyu, grâce à des visions concernant les circonstances de leurs naissances, a toujours été une des fonctions d'importance accomplies par les Karmapa, et Sa Sainteté le seizième Karmapa a continué à s'acquitter de cette tâche depuis son départ du Tibet et malgré les incertitudes de cette période. La famille royale du Sikkim invita Sa Sainteté à fonder son siège au monastère du Rumtek.

---

[48] *Entretiens avec Tarab Tulkou Rinpotché* en avril 2001. Lire également *Samsara* hors-série n°7, *Renaissance et réincarnation, le monde d'après la mort*, juillet-août-septembre 2005.

[49] *Entretiens avec Lama Jigmé Rinpotché* en avril 2003. Lire également Lama Jigmé Rinpotché, *Les mots clés du bouddhisme*, éditions Michel Lafon 2004.

Sa Sainteté le dix-septième Karmapa, Trinley Thayé Dordjé, né le 5 mai 1983, souligne son rôle seulement spirituel :

« En tant que dix-septième Gyalwa Karmapa, ma préoccupation principale touche au bien-être spirituel de tous les êtres. C'est pourquoi il est de mon devoir de déterminer comment répandre au mieux mon activité bénéfique dans le monde. Quoi que vous fassiez, n'abandonnez pas l'intention altruiste. Transcendez plutôt l'illusion matérialiste par la pratique de la voie spirituelle. »[50]

Le professeur Robert Turman, qui occupe le seul poste de maître d'études indo-tibétaines de l'université de Columbia à New York, est considéré comme l'un des meilleurs spécialistes au monde du bouddhisme tibétain, il a passé de nombreuses années aux côtés des plus grands lamas de Dharamsala, siège du gouvernement tibétain en exil. Il parle et lit le tibétain couramment. Il a obtenu par la suite un doctorat à l'université d'Havard. Voici ce qu'il me dit au sujet de la question controversée de l'existence de l'âme dans le bouddhisme :

« L'élément qui perdure de vie en vie se trouve au niveau le plus subtil de l'être. On l'appelle la goutte indestructible du tantra, ou encore le corps-esprit suprême subtil. En fait il s'agit de l'âme. Maintenant, certains

---

[50] Trinley Thayé Dordjé (le dix-septième Gyalwa Karmapa), *Le livre bouddhiste de la sagesse et de l'amour*, pensées recueillies par Gilles Van Grasdorff, éditions Michel Lafon 2001.

« bouddhistes » se promènent en racontant partout qu'il n'y a ni âme ni soi, ce qui est ridicule. La célèbre doctrine du non-soi que prônait le Bouddha concernait le statut métaphysique de l'essence de la personne. Il voulait surtout dire que nous n'avons pas d'identité fixe, rigide, absolument inchangeante, indépendante, portant notre nom et un numéro de série gravée sur elle d'une existence à l'autre.

« Ce que le Bouddha a constamment affirmé, cependant, c'est qu'il existe un roi relatif, constamment vivant, constamment changeant. Selon lui, celui qui contrôle le soi devient un maître. Employez-vous, vous-même, votre être, votre soi, pour vous conquérir », a-t-il dit. Pour le bouddhisme, l'âme est le niveau le plus subtil de ce soi. C'est le corps-esprit extrêmement subtil qui existe au milieu du chakra du cœur, comme une minuscule petite goutte. Au moment de la conception, le chakra du cœur (situé à mi-chemin entre les seins) se forme autour d'elle. Ensuite, au moment de la mort, elle se déroule en quittant le corps. C'est une cellule qui s'autorégénère constamment, elle ressemble à de l'ADN. Les impressions y sont encodées tout comme les enchaînements de l'ADN. C'est un phénomène très compliqué, qui se produit en quelque sorte à un niveau subatomique. Normalement, une personne n'en a pas conscience, pourtant c'est ce qui, en fin de compte, constitue sa conscience même. La clé, c'est qu'il s'agit d'un continuum. Cette gouttelette indestructible a encodé en elle une immense quantité de données individuelles spécifiques, qui sont constamment en train de se modifier. Elle se fait influencer par vos expériences dans cette vie. Et c'est elle qui transporte dans la vie suivante le code de ce que vous avez développé et appris au cours de cette vie.

« Par exemple, un beau geste de générosité, un grand sacrifice, ou le fait d'avoir réussi à surmonter un sentiment de rage et d'avoir su pardonner à quelqu'un, ce genre de transformation de l'esprit s'inscrit comme une sorte d'augmentation de la générosité dans cet « ADN » spirituel. En revanche, si vous devenez particulièrement égoïste, avare, ou que vous assassinez quelqu'un, vous obtiendrez une grande augmentation d'avarice ou de méchanceté dans « l'ADN ».

« Ces pensées, ou actes plus profonds, plus puissants opèrent une programmation qui a un impact réel sur la vie ultérieure. En fait, tout s'inscrit, mais c'est comme un minuscule petit enchaînement parallèle dans les combinaisons moléculaires, pour continuer l'analogie de l'ADN. Cela ne signifie pas que chaque petite impression provoque un grand changement. Mais la gouttelette indestructible est très sensible et enregistre tout. C'est cela qui garantit, selon la vision du monde bouddhiste, l'idée que chaque petit élément doit grandir et se transformer. Un tout petit brun de générosité peut évoluer et finir par donner un bon fruit, ou un tout petit peu de moralité, ou une intuition méditative. Quel que soit le cas, le germe se développe. Selon les bouddhistes tibétains, ce gène spirituel, avec toutes les données encodées, est emporté par l'âme après la mort. »[51]

---

[51] Trinley Thayé Dordjé, op.cit.

Padmasambhava, l'introducteur du bouddhisme au Tibet au VIIIe siècle, avait annoncé l'invasion du Tibet par la Chine communiste en 1950, et la dispersion du bouddhisme vers l'Occident :

« Lorsque s'envolera l'oiseau de fer, que les chevaux galoperont sur des roues, les Tibétains seront éparpillés à travers le monde comme des fourmis et l'enseignement du Bouddha parviendra aux habitants de l'Ouest. »[52]

L'existence des avions, des chemins de fer et des automobiles montrait que les temps étaient accomplis. Ainsi cette prophétie a permis aux autorités spirituelles tibétaines de sauvegarder les textes et trésors religieux en Inde, au Bhoutan et au Népal. L'invasion chinoise du Tibet a fortement contribué à implanter le bouddhisme en Occident, à l'ouest. Mais cette implantation n'est pas due seulement aux voyages. Si l'on en croit les spécialistes, les transferts seraient également provoqués par des phénomènes de réincarnation opérant de l'Orient à l'Occident. À cet égard, le cas de Tenzin Sherab apparaît comme particulièrement significatif.

Tenzin Sherab est né le 17 juin 1972 sous le nom d'Elijah Ary. C'est un jeune Canadien de Montréal qui, physiquement, est de type nord-américain et dont rien n'évoque la précédente existence si ce n'est son regard qui

---

[52] *Entretiens avec le professeur Robert Turman* en avril 1997. Lire également Vicki Mackenzie, *Enfants de la réincarnation, aujourd'hui des lamas tibétains se réincarnent en Occident*, éditions Robert Laffont 1996.

semble témoigner d'une mystérieuse profondeur. Cependant, dans une vie antérieure, Tenzin était un moine tibétain, Geshe Jatse, né au début du XXe siècle, devenu vice-abbé au monastère de Sera à Lhassa, où il avait inspiré beaucoup de respect pour ses qualités de méditant et son érudition de haut niveau. C'est un être impénétrable, préférant la méditation aux commérages et aux intrigues politiques du monastère. Il disposait de pouvoirs spirituels exceptionnels. Il quitta un jour le monastère pour méditer dans une grotte et quitta son corps pour se réincarner au Canada, afin d'apporter les bienfaits du bouddhisme aux Occidentaux, englués dans le matérialisme. Le 17 juin, jour de naissance d'Elijah Ary, correspond au Sakadawa, la date la plus favorable du calendrier tibétain. En effet, ce jour-là, on fête la Naissance, l'Illumination et l'Ascension aux cieux du Bouddha. Elijah se révéla un magnifique bébé, dont le médecin accoucheur annonça aux parents qu'il avait passé des mois entiers dans le ventre maternel en position du lotus, les jambes croisées et la plante des pieds tournée vers le haut !

Les parents, Carol et Issac Ary, avaient déjà une fille lors de la naissance d'Elijah. Carol, issue d'une famille protestante, était infirmière, tandis qu'Isaac, juif, dirigeait une entreprise de peinture. Ils avaient récemment découvert le bouddhisme dans un petit centre de pratique à Vancouver. D'après sa famille, Elijah fut un enfant serein, angélique. Il dormait toute la nuit d'un sommeil paisible, n'avait aucun problème. Facile à élever, il était toujours très heureux, calme et attentif. Il prenait souvent la défense des plus faibles, des perdants et des exclus, et les prenait sous sa protection. Les Ary quittèrent par la suite Vancouver pour s'installer au Québec, à Montréal. Ils poursuivirent leurs pratiques bouddhiques, au sein du centre de l'école Guelougpa, dont était issu Geshe Jatse, ce qu'il ignoraient. Leurs enfants n'étaient jamais obligés d'assister aux pratiques et rituels tibétains.

Un jour que sa mère bordait son lit, Elijah, âgé de trois ans, déclara avoir été moine bouddhiste et avoir vécu dans la montagne : « Il s'est produit quelque chose d'inhabituel, raconte Carol. On aurait dit que mon fils percevait un autre monde. Il semblait rêver, mais pourtant il était parfaitement éveillé, comme s'il avait une vision. Il me parla longuement d'un pays entouré d'immenses montagnes. Il y avait des routes poussiéreuses, des maisons, des animaux, des arbres d'un type inconnu. Il avait des instructeurs et des amis dont il connaissait les noms. Et il écrivait tout cela avec un luxe de détails colorés, vifs et précis. »[53]

L'école Guelougpa fut immédiatement informée de cette affaire pour le moins étrange. Sa Sainteté le Dalaï-Lama se rendit en personne chez les Ary, afin d'y rencontrer l'enfant. Quand celui-ci entra dans la pièce, le Dalaï-Lama leva les yeux et, désignant le petit garçon s'écria, à la grande surprise des personnes présentes : « Mais je sais qui tu es ! Tu es la réincarnation de Geshe Jatse ! »[54] Peu après, le Dalaï-Lama lui donna le nom de Tenzin Sherab. Il prononça ses vœux préliminaires au Canada à l'âge de neuf ans et prit

---

[53] Philippe Cornu, *Padmasambhava, la magie de l'Éveil*, éditions du Seuil 1997.

[54] Vicki Mackenzie, op.cit.

refuge auprès de Sa Sainteté le Dalaï-Lama en 1980. Cela signifiait qu'il était accepté dans le système monacal.

Il se produisit un autre événement important dans la vie de Tenzin Sherab vers la même époque :

« Le Dalaï-Lama, raconte Carol, conférait l'initiation de Kalachakra à Montréal, mais nous n'avions pas prévu de nous y rendre. Cependant j'ai éprouvé tout à coup une incroyable envie d'y aller, comme si une main me poussait dans le dos. C'est donc ce que nous avons fait, et Tenzin était fou de joie. À l'initiation, nous avons rencontré un moine geshe qui avait été disciple de Geshe Jatse ; il désirait vraiment voir Tenzin. Il lui posa de nombreuses questions.

« Eh bien, Tenzin a pris un air sévère face à cet homme, qui était également un geshe (docteur en philosophie bouddhiste) renommé, et se mit à ressembler à un homme âgé. Il était assis sur sa chaise, les jambes croisées, fixant le moine d'un regard intense. C'était la première fois que je le voyais observer qui ce que se toi de cette manière-là. Pendant un moment, ce ne fut plus un enfant de neuf ans. Il n'a marqué aucun geste de respect, il ne s'est pas « abaissé » comme le voudrait la coutume dans le cas d'un enfant présenté à quelqu'un de plus âgé que lui. Tout semblait indiquer que c'était Tenzin qui était en position de supériorité. »[55]

L'initiation de Kalachakra est l'une des plus importantes du bouddhisme tibétain, car elle prend en

---

[55] Vicki Mackenzie, op.cit.

compte le corps et l'esprit, l'aspect cosmique et astrologique. Par sa pratique complète, il est possible de réaliser l'Éveil en une vie. « Nous croyons fermement, dit le Dalaï-Lama, en son pouvoir de réduire les tensions, nous l'estimons apte à créer la paix, la paix de l'esprit et par conséquent la paix dans le monde. »[56]

En 1986, Tenzin rejoignait le monastère de Sera, au sud de l'Inde. Il s'adapta à la vie monacale comme s'il y était né. Et immédiatement, il se sentit chez lui. Il apprit avec une facilité surprenante les prières et textes sacrés tibétains. « Il suffit, dit-il, que je les écoute une ou deux fois, pas plus, et j'arrivais à les réciter comme tout le monde. »[57]

En avril 1992, Tenzin quitta définitivement son monastère tibétain pour reprendre sa vie d'Occidental. Le Dalaï-Lama estimait que désormais la place de Tenzin se trouvait en Occident. Tenzin passa sept mois à arpenter les rues de Montréal à la recherche d'un travail. Sa sœur lui a trouvé un emploi de vendeur dans une petite boutique de journaux. Il s'est inscrit également au département des sciences religieuses de l'université du Québec, pour apprendre à mieux connaître la pensée spirituelle occidentale. Il aide les enfants des quartiers pauvres de la ville, pratique le hockey sur glace, et a même une petite amie.

---

[56] Vicki Mackenzie, op.cit.

[57] Sophia Stril-Rever, *Tantra du Kalachakra, livre du corps subtil*, préface de Sa Sainteté le Dalaï-Lama, éditions DDB 2000.

« Maintenant, dit-il, il est rare que je m'assoie pour méditer. Je n'en ressens plus le besoin. Je ne médite plus que si je sens que c'est vraiment nécessaire. Aujourd'hui, j'intègre le bouddhisme tibétain dans ma vie quotidienne, dans ma façon de penser, d'agir, dans ce que je décide de faire ou de ne pas faire. Ainsi je pratique tous les jours, même s'il n'en paraît pas. Je suis constamment en train de travailler sur moi-même, de me dégager de mes impuretés ! J'aime être le spectateur de mes émotions. J'observe la situation presque comme si j'étais une tierce personne, et je l'analyse selon plusieurs points de vue. Cela m'aide énormément. Je crois que cette capacité de travailler sur moi-même tout en aidant les autres est un don propre aux tulkous. Par exemple, il est primordial d'apprivoiser sa propre colère et de savoir s'en libérer, car, si vous voulez la paix dans le monde et entre tous, vous devez apprendre à être tolérant. Et la tolérance n'est rien d'autre que l'absence de colère. »[58]

Autre exemple : celui de Jetsunma, une jeune Américaine, née après la Seconde Guerre mondiale, au sein d'une famille pauvre de Brooklyn. Élevée dans la religion catholique, elle était une enfant mystique, éprouvant envers Jésus une vénération qu'elle a d'ailleurs conservée jusqu'à ce jour. Mais elle avait également une attirance inexplicable pour les statues de Bouddha. Lorsqu'elle décida de fuir le domicile familial, à l'âge de dix-sept ans, elle alla en Floride où elle rencontra son mari. Ils eurent un enfant, et emménagèrent dans une ferme en Caroline du Nord. Une

---

[58] Vicki Mackenzie, op.cit.

nuit, elle fit une série de rêves étranges, où elle se voyait méditer dans une grotte en montagne. Intriguée, elle rencontra une voyante qui lui annonça qu'elle avait été nonne bouddhiste dans une autre vie. Elle fit d'autres rêves où on lui donnait des instructions précises pour pratiquer la méditation bouddhique et l'enseigner. Son charisme fit des adeptes, si bien qu'elle fut bientôt en mesure de fonder un groupe de méditation, dont elle prit la direction. De façon inexplicable, son enseignement se poursuivait, semaine après semaine. C'est alors qu'on lui annonça que Penor Rinpotché, un grand maître tibétain, allait faire sa toute première tournée d'enseignement aux États-Unis.

Penor Rinpotché arriva au printemps 1985 à l'aéroport de Washington. Guidée par une force étrange et invisible, Jetsunma s'y rendit en compagnie de son groupe. Le but de Penor Rinpotché n'était pas seulement d'enseigner, il recherchait également la réincarnation de Genyenma Ahkon Lhamo, une grande yogini tibétaine du XVIIe siècle. Plusieurs songes lui avaient indiqué qu'elle se trouvait aux États-Unis…

« Nous sommes arrivés à l'aéroport, raconte Jetsunma, et il y avait là une foule importante d'Asiatiques ayant eu vent de sa venue. Tout à coup, l'océan d'Asiatiques s'est fendu, je l'ai vu et j'ai fondu en larmes ! J'ai pleuré et pleuré. Je l'ai seulement regardé et j'ai pensé : « Voici mon cœur… Voici mon esprit… Voici tout. » Il m'a tout de suite remarquée, en me fixant d'un regard étrange et profond. D'une façon inexplicable, Penor Rinpotché a accepté de nous suivre chez nous. Pendant toute la journée, il a interviewé tous mes disciples avec beaucoup d'attention, cherchant à savoir précisément ce que je leur avais enseigné. Puis je me suis retrouvée seule avec lui. Il m'a regardée droit dans les yeux, et m'a annoncé la véritable raison de sa venue : « Vous étiez autrefois une grande bodhisattva (être éveillé), qui travaillait à travers le temps à libérer les êtres de la souffrance. Vous avez atteint un tel degré dans votre pratique que dans toutes vos vies futures vous ne l'oublierez jamais. Vous le saurez toujours, cela vous reviendra chaque fois. C'est gravé dans votre psyché et c'est donc une connaissance qui ne peut être oubliée. » Plus tard, il m'a annoncé que j'étais la réincarnation de Genyenma Ahkon Lhamo, la grande yogini tibétaine du XVIIe siècle. Il me donna un certificat m'autorisant à enseigner le Dharma (l'enseignement bouddhique).

« Si je devais dire que je suis d'une quelconque religion, je serai tout à fait d'accord avec le Dalaï-Lama pour dire que ma religion véritable, c'est la compassion. C'est la seule notion qui compte à mes yeux. »[59]

Aujourd'hui responsable d'un important centre bouddhiste tibétain à Poolesville, dans l'État du Maryland, elle est constamment au service d'autrui. Elle a une maison derrière le temple où elle vit avec sa famille. Les personnes qui la connaissent et la suivent la décrivent comme une femme aux multiples facettes. Ils parlent de ses qualités de cuisinière, de son goût pour les habits qu'elle achète à profusion pour les offrir ensuite aux pauvres. Ils racontent que, comme tant d'Américaines, elle fait beaucoup

---

[59] Vicki Mackenzie, op.cit.

d'exercices physiques, qu'il lui est arrivé d'emporter en retraite sa bicyclette d'entraînement et ses poids et haltères. Ils disent qu'elle est spontanée, moderne, qu'elle sait chanter et qu'elle compose de la musique. Ils ajoutent qu'elle est extrêmement drôle, qu'elle a un grand sens de l'humour et adore les enfants. Elle se rend dans les écoles pour enseigner la bienveillance, le caractère destructeur de la colère et de l'avidité. Elle s'occupe d'associations caritatives. Elle désire créer un hospice, un endroit où les personnes croyant au Dharma puissent venir aussi mourir dignement, tout en poursuivant leur pratique spirituelle, et recevoir des soins sans pour autant avoir des tubes enfoncés dans leurs corps.

« Je veux agrandir mon école pour les enfants, dit-elle, bouddhistes et non bouddhistes, qui souhaitent apprendre la non-compétition, la bienveillance, la coopération, le caractère précieux de la terre, la vocation d'amour… La raison de ma naissance, celle d'une tulkou, est uniquement de propager la vérité du Bouddha de toutes les manières possibles, d'être au service des autres et d'aider à soulager les douleurs et les souffrances de l'humanité. Je ressens aussi et toujours une immense dévotion envers Jésus. Bouddha et Jésus sont des frères, guidés par l'amour et la compassion. »[60]

Il faut raconter le cas de Trinley Tulkou Rinpotché, né en 1975 de parents franco-américains pratiquant le bouddhisme, reconnu à l'âge de trois ans par Sa Sainteté le

---

[60] Vicki Mackenzie, op.cit.

seizième Karmapa (1924-1981) et le Vénérable Kalou Rinpotché (1905-1989) comme la réincarnation (tulkou) d'un grand maître bouddhiste. Il grandit auprès d'éminents maîtres et reçut l'ensemble de l'enseignement bouddhiste, poursuivant parallèlement des études universitaires occidentales. Appartenant à la tradition Kagyupa, il est aujourd'hui un des rares enseignants occidentaux qui puisse rendre accessible en français toute la profondeur de l'enseignement du Bouddha.

« Quand j'étais petit, dit-il, je voulais vraiment devenir moine. Je demandais toujours à ma mère de m'emmener au monastère. J'adorais porter les robes monacales. J'ai des photos où je souriais, petit enfant en tenue de moine. Mais je me rappelle aussi que, lorsque ma mère m'a laissé au monastère, je me suis senti très triste. J'ai pleuré plusieurs jours de suite. C'était normal. J'étais si jeune, et ne m'étais encore jamais retrouvé seul, sans ma mère. Elle venait souvent me rendre visite. Puis je me suis habitué à la vie monacale, car je savais de toute façon qu'elle reviendrait me voir de temps en temps. »[61]

À l'âge de dix-huit mois, il parlait déjà le tibétain, grâce à l'aide de sa gouvernante, originaire de Tibet. Kalou Rinpotché, un des grands lamas du XXe siècle, le remarqua, un jour qu'il jouait dans son entourage. Après les vérifications d'usage, il le reconnut officiellement comme la réincarnation de Khashap Rinpotché. Reconnaissance qui

---

[61] Vicki Mackenzie, op.cit.

a été formellement ratifiée par Sa Sainteté le Karmapa lui-même.

« Kashap Rinpotché, raconte Trinley Tulkou, avait dirigé un monastère au Tibet. Il était mort de la tuberculose, en Inde, à un âge assez précoce. Il était en retraite au moment de sa mort. Dans ma vie précédente, je voulais venir en Occident, et j'ai dit aux personnes de mon entourage que nous nous reverrions dans cette partie-ci du monde. »[62]

Les personnes vivant autour de lui témoignent de l'extraordinaire douceur émanant de son être, de son visage ouvert et rayonnant de bonté, d'intelligence et de compassion. Son regard renvoie à l'illumination bouddhique, une lumière liée à l'Esprit, générée par le rayonnement du Soleil spirituel. L'œil est vif et brillant, l'expression reflète l'esprit, la vivacité et la curiosité. En le voyant pour la première fois, lors d'une cérémonie bouddhique en Dordogne, j'ai été frappé par la sérénité qui émanait de sa nature profonde, ainsi que par l'amour et la compassion brillant dans ses yeux. Il semblait venir d'une contrée intemporelle, celle de l'Esprit purifié de toute souillure, là où rayonne la joie altruiste. Sa voix douce et chaleureuse apaise, comme la sonorité harmonieuse du cours d'eau. Son regard pénètre jusqu'aux tréfonds de l'âme. J'ai compris que j'avais devant moi un être éveillé spirituellement, vivant au quotidien le Dharma (enseignement bouddhiste). Ses yeux semblaient venir d'un

---

[62] Vicki Mackenzie, op.cit.

autre monde, et justement ils cherchaient ailleurs. Rarement je n'ai eu à tel point la présence de l'Éveil sur un visage. Mais il faut insister sur sa capacité d'écoute. Il écoute même le silence et peut-être plus attentivement que les paroles. Respect, discrétion : ce qu'il y a de plus oriental dans son maintien, c'est cette politesse qui traduit le respect d'autrui. Cette manière d'apparaître est une forme d'humilité. Il porte cette qualité au plus haut point, jusqu'à en faire une sorte de courtoisie métaphysique.

Poursuivons cette enquête avec Lama Osel, un jeune Espagnol qui, dès les premières années de sa vie, a été reconnu par le Dalaï-Lama et Lama Zopa Rinpotché comme la réincarnation de Lama Yeshe, un grand maître tibétain du XXe siècle, mort en Californie, le 3 mars 1984. Osel a été examiné de près par tous les experts du bouddhisme tibétain. Il a subi tous les tests auxquels sont soumis les tulkous. Et, dès l'âge de deux ans, il a pris place aux côtés des chefs spirituels les plus importants de la tradition tibétaine. Ses parents, Maria et Paco Hita-Torres, ont fondé un centre bouddhique au sud de l'Espagne, ouvert à toutes les confessions. Osel Hita-Torres est né le 1er février 1985, à l'hôpital de Grenade en Espagne. Dès sa naissance, il porta chance à ses parents, qui avaient de lourdes dettes. Son père Paco trouva en effet un travail correctement payé, qui lui permit ainsi de faire vivre sa famille qui comptait cinq enfants. De nombreux lamas, ainsi que des nonnes, avaient eu des rêves annonçant la réincarnation de Lama Yeshe en Espagne, sous l'apparence d'un enfant occidental. Quatorze mois après, Osel rencontrait Sa Sainteté le Dalaï-Lama, lors d'un voyage en Inde, afin de vérifier ses origines. Le visage du petit garçon offrait l'image du ravissement le plus pur. Il s'assit tout droit, bien éveillé, les yeux brillants. Il prit les instruments rituels tibétains avec un air de plaisir indicible. Les personnes présentes se mirent à pleurer de joie. Les preuves supplémentaires de sa réincarnation ne tardèrent pas. Des lamas tibétains mélangèrent des objets, ayant appartenu à Lama Yeshe, avec d'autres similaires. Osel se saisit, sans hésiter, des objets du défunt lama.

XII

STONEHENGE

Stonehenge est de nos jours le site archéologique le plus visité d'Angleterre. Les équipes de télévision et les touristes se pressent sans relâche jour et nuit, en essayant de ne pas troubler la magie de cet endroit fascinant. Ce grand cercle mégalithique, composé de rochers gigantesques et lourds ne porte pas la moindre inscription. Il semble être le fruit d'un travail de longue haleine reposant sur une durée de dix siècles, entre le IIIe et le IIe millénaires avant J.-C.

Les recherches archéologiques ont révélé que dans un premier temps le cercle de Stonehenge se composait de 56 trous dits « d'Aubrey », du nom de celui qui les découvrit, régulièrement espacés entre eux et servant à fixer de gros poteaux. Au-delà du cercle formé par ces trous, un grand fossé d'un diamètre de 114 mètres environ est cerné à son tour d'un terre-plein. Des siècles plus tard, la structure originelle en bois fut réinstallée en remplaçant les poteaux par de gros blocs de pierre. Pour débuter, on construisit un grand cercle de trois pierres, avec les linteaux fixés par paires sur les monolithes porteurs, de façon à former un anneau ininterrompu. Par la suite, on dressa à l'intérieur de ce cercle cinq arcs gigantesques supplémentaires, non reliés entre eux, dont les pierres pesaient entre 20 et 50 tonnes.

« Avec ses pierres juxtaposées formant une seule structure, écrivent Irene Bellini et Danilo Grossi, l'anneau extérieur de Stonehenge est unique en son genre. Aucun autre monument mégalithique ne présente des caractéristiques similaires. Les cinq arcs intérieurs du cercle étaient disposaient en U : en partageant cette forme en deux moitiés longitudinales symétriques, on obtient une ligne dont le prolongement à l'extérieur du cercle atteint une grande pierre dressée dite Heelstone. »[63]

Bâtir un monument de ce type a exigé un effort surhumain, ne serait-ce qu'au regard du poids des pierres qui forment sa structure. On sait en plus que ces pierres, nommées sarsen, ont été transportées sur une distance de plus de 30 kilomètres : la carrière de grès d'où elles sont extraites se trouve à proximité d'Avebury. Au cercle d'origine est venu s'ajouter un second, formé de pierre de plus petite taille, d'une variété de calcaire appelée bluestone, dont la carrière se trouve à plus de 200 kilomètre de là !

La légende raconte que Merlin l'Enchanteur aurait, grâce à ses pouvoirs magiques, déplacé cet énorme complexe, qu'un peuple de géants avait déjà transporté d'Afrique en Irlande.

---

[63] Irene Bellini et Danilo Grossi, op.cit.

Pour extraire ces pierres (sarsen et bluestone), les anciens bâtisseurs du lieu ne disposaient que de massues et de bois de cerfs, car ils ne savaient pas travailler le métal. On les imagine transportant ces énormes monolithes jusqu'au canal de Bristol d'où, d'abord par voie de mer, puis en remontant le cours de l'Avon, ils auraient fini par atteindre Stonehenge. Il ne s'agit là que d'une hypothèse. Un groupe de passionnés, connus sous le nom de Millenium Stone Projects s'est vainement essayé de refaire ce parcours, en utilisant les moyens de l'époque, mais le bloc de pierre qu'ils transportaient a fini dans les eaux du canal.

Une analyse au Carbone 14 a permis de dater les bois de cerfs enfouis depuis des millénaires au fond de certains des trous du site. Sur la base de ces résultats, on sait aujourd'hui que le cercle formé par les grands sarsen remonte à environ 2200 ans avant J.-C.

Les raisons ayant poussé des humains à bâtir le site de Stonehenge se trouvent non pas dans l'étude des pierres, mais par l'observation du ciel. En prolongeant la droite qui coupe en deux Stonehenge dans le sens longitudinal et passe par le heelstone à l'extérieur du complexe, on atteint à l'horizon le point exact du lever du soleil, le jour du solstice d'été. Dès lors, on a étudié le cercle de pierres sous un angle tout à fait différent, à savoir du point de vue astronomique. Ainsi, l'astronome sir Norman Lockyer a pu fournir une datation de l'ensemble du complexe : ces mégalithes auraient été dressés à partir de 2800 avant J.-C., sachant qu'ensuite ils auraient été abattus puis dressés à nouveau vers 1560 avant J.-C. Mais ce n'est pas tout :

« Au fil des siècles, écrivent Irene Bellini et Danilo Grossi, un grand nombre de ces pierres auraient encore été retirées et, aujourd'hui, nous avons aucune certitude concernant leur emplacement originel. Quoi qu'il en soit, dans les années 1970, le célèbre astronome Gerald Hawkins a repris les recherches sur les corrélations existant entre les mégalithes et la configuration céleste. Au bout de longues recherches, Hawkins découvrit de nombreux autres alignements astronomiques qui lui firent évoquer l'image d'un véritable « ordinateur mégalithique ». Selon lui, grâce à un système fondé sur l'emplacement des trous d'Aubrey, le monument permettait de prévoir les mouvements de la Lune, les variations des levers et des couchers du Soleil et même les éclipses. En d'autres termes, les anciens et mystérieux bâtisseurs de Stonehenge semblait avoir eu des connaissances très pointues en astronomie, bien que nous ignorions comment. »[64]

Selon certains auteurs et chercheurs, Stonehenge et les autres monuments mégalithiques seraient les vestiges de la légendaire Atlantide, dont la population aurait essaimé sur les continents. Une datation récente au carbone 14 dévoile que les échantillons issus des tombeaux mégalithiques seraient bien plus anciens qu'on ne l'imaginait. La civilisation mégalithique ne serait donc pas le fruit de la décadence de cultures évoluées du Moyen Orient, comme les Sumériens, les Égyptiens ou les Grecs, mais l'expression d'un peuple beaucoup plus ancien, ayant vécu des milliers d'années auparavant. On trouve des mégalithes

---

[64] Irene Bellini et Danilo Grossi, op.cit.

anciens à Malte, en Sardaigne, en Sicile, en Corse et dans la région italienne des Pouilles, des terres colonisées autrefois par l'Atlantide, si l'on en croît les prêtres de l'Égypte ancienne.

XIII

LES MANUSCRITS DE LA MER MORTE

Les Manuscrits de la mer Morte sont considérés comme l'une des plus importantes découvertes archéologiques du XXe siècle. Ils peuvent apporter des éclaircissements nouveaux sur le judaïsme et les débuts du christianisme. Depuis leur découverte en 1947, ils ont suscité de nombreux débats et recherches. Les spécialistes les plus insignes se sont attelés à leur étude. Ces textes mystérieux continuent de faire l'objet de diverses controverses, car de multiples questions restent encore en suspens.

Contrairement à ce qui est parfois affirmé, les Manuscrits de la mer Morte ne constituent en aucun cas les plus vieux textes religieux. Ceux des pyramides d'Égypte remontent à environ 2650 avant J.-C., alors que les experts s'accordent à dire que les Manuscrits de la mer Morte ont été rédigés entre 250 avant J.-C. et 70 après J.-C. Ils sont cependant les plus importants jamais découverts, car cette période englobe l'époque qui a vu vivre Jésus (4 avant J.-C. à 33 après J.-C.). Ces textes sont donc d'une immense valeur pour le christianisme et le judaïsme.

Bien que leur découverte remonte à 1947, ils ont été les documents les mieux protégés du monde jusqu'à ce que leur intégralité soit mise à la disposition des chercheurs et du grand public en 1991. Ils ont été exposés dans plusieurs grandes villes à travers la planète, suscitant ainsi un intérêt croissant au sein de la population mondiale. De nombreux livres, articles et reportages télévisés leur ont été consacrés.

L'une des questions les plus notables, pour les archéologues bibliques comme pour les passionnés d'histoire religieuse, est de savoir dans quelle mesure ces manuscrits sont susceptibles de modifier ou de confirmer ce que nous savons de la Bible dans son intégralité. Lorsque la nouvelle de la découverte fut rendu public, il y eu beaucoup d'appréhension quant à ce que leur contenu risquait de révéler. Allaient-ils remettre en cause la Bible, le judaïsme et certains dogmes du christianisme ? Ou au contraire, allaient-ils confirmer ce que nous savons déjà du judéo-christianisme ? Le processus d'assemblage et de traduction des textes touchant à sa fin, il est désormais possible de se faire une idée précise du contenu.

« L'une des découvertes les plus étonnantes concernant les Manuscrits de la mer Morte, écrit John Desalvo, a été de constater qu'ils contenaient des récits jusqu'alors inédits sur des personnages bibliques connus comme Noé, Abraham et Hénoch. C'est ainsi que l'on a pu découvrir des récits ne figurant pas dans notre Bible, dont l'auteur serait Moïse, ou encore des prophéties dont personne n'a jamais entendu parler. De même, l'une des sections les plus fascinantes des Manuscrits de la mer Morte traite de sujets comme la fin des temps et l'Antéchrist. Il s'avère vraiment intéressant de comparer ce scénario à celui tiré du livre de la Révélation. »[65]

Des parties entières de ces manuscrits traitent de la divination, de l'astrologie et des anges. D'après les spécialistes, les Manuscrits de la mer Morte représentaient à l'origine plus de 800 textes complets avant qu'ils ne soient en partie endommagés, détruits ou perdus. Les chercheurs n'ont pu récupérer que très peu de rouleaux de manuscrits complets, la plupart se limitant qu'à des fragments. Cependant des dizaines de milliers de pièces de ces fragments ont été récupérées et reconstituées grâce à un travail considérable.

L'une des découvertes les plus passionnantes a été de constater des convergences et des similitudes entre les croyances des auteurs de ces textes et le christianisme naissant, comme notamment l'idée de la venue d'un Messie, le rite du baptême et la vision apocalyptique de la fin des temps. À ce sujet, diverses polémiques perdurent. Certains auteurs chrétiens refusent toute forme de conclusion hâtive et démontrent les différences notables qui existent entre certains des textes et la doctrine officielle de l'Église.

Il faut garder à l'esprit que n'importe quel texte peut avoir été rédigé bien plus tard que la date de son enseignement oral initial, transmis de génération en

---

[65] John Desalvo, *Les Manuscrits de la mer Morte*, éditions Evergreen 2008.

génération. La plupart des spécialistes de la Bible estiment que la tradition orale des Évangiles (récits consacrés à la vie de Jésus) débute après la mort du Christ (environ 30 après J.-C.) et fait l'objet d'une première écriture entre 70 et 90 après J.-C.. De même que le plus ancien fragment du Nouveau Testament découvert date de 125 après J.-C. Les Manuscrits de la mer Morte ont, en petite partie, été rédigés du vivant de Jésus.

Les archéologues et les historiens sont en mesure d'estimer la date d'écriture de certains textes, grâce aux nouvelles techniques scientifiques de datation, comme en autre le carbone 14.

Comme nous l'avons évoqué auparavant, les Textes des pyramides d'Égypte représentent les plus anciens écrits religieux ou sacrés connus à ce jour. Ces textes ont été gravés dans la pierre des murs intérieurs des chambres de plusieurs pyramides, ainsi que sur les sépultures ou les sarcophages du site de Saqqarah en Égypte. Les égyptologues estiment qu'ils ont été écrits à l'époque de l'Ancien empire, vers 2650 à 2175 avant J.-C. Ces textes comportent des formules et des instructions visant à guider le défunt dans son voyage vers l'au-delà. On y trouve des formules magiques.

Les Védas, rédigés en sanskrit, sont les plus anciens textes de la religion hindouiste en Inde. Ils s'articulent en mantras, incantations, rituels et autres enseignements spirituels. Il existe quatre Védas, dont le plus ancien, le Rig-Véda, a été composé aux environs de 1500 à 1300 avant J.-C.

L'Enuma Elish, récit mésopotamien de la création, écrit en akkadien sur sept tablettes d'argile découvertes en 1849 dans la bibliothèque d'Assourbanipal à Ninive, est antérieur au récit de la Genèse de l'Ancien Testament. L'origine des tablettes remonte à une période située entre 1 100 et 1 800 avant J.-C. L'Enuma Elish explique comment l'existence de l'homme est consacrée au service des dieux, dont Mardouk représente le dieu principal.

L'Ancien Testament, également connu sous le nom d'Écritures hébraïques, date entre le XIIe et le IIe siècle avant J.-C. Écrit en hébreu, avec quelques passages en araméen, il a été rédigé par de nombreux auteurs. Les copies les plus anciennes remonteraient à l'époque médiévale, comme le manuscrit du Codex d'Alep, daté de 950 après J.-C. Les Manuscrits de la mer Morte précèdent ces écrits d'environ 1000 ans.

L'origine de la Bhagavad Gita, texte sacré de l'Inde, remonte aux environs de 300 ans avant J.-C. Il s'agit principalement d'un dialogue entre le guerrier Arjuna et le dieu Krishna. Le texte parle également du yoga, voie spirituelle permettant d'atteindre l'Éveil, un état de paix intérieure au-delà de la souffrance. Il existe principalement trois types de yoga, le yoga de la dévotion (Bhakti yoga), le yoga de l'action juste (Karma yoga) et le yoga de la connaissance (Jnana yoga). Ces trois yogas sont complémentaires pour permettre au pratiquant de se libérer du cycle de la naissance et de la mort (réincarnation) et atteindre la conscience divine du Nirvana.

La rédaction du Nouveau Testament, texte sacré des chrétiens, remonte aux environs de 70 à 90 après J.-C. La plus grande partie du texte a été rédigée en grec ancien. Le plus ancien fragment de ce texte est un morceau de papyrus, daté entre 125 et 150 après J.-C. Il a été découvert en Égypte dans les années 1920 et se trouve de nos jours à la bibliothèque John Rylands de Manchester en Grande-Bretagne.

Nombreux sont ceux qui confondent les Manuscrits de la mer Morte avec les textes de Nag Hammadi, découverts en 1945 dans le désert, proche de la ville égyptienne de Nag Hammadi dont ils ont hérité du nom. Formés de 12 codex en papyrus, rédigés en copte et conservés dans une jarre scellée, ils ont attendu près de 1500 ans avant d'être trouvés par un paysan local. L'ensemble repose sur 52 traités, dont l'origine remonterait au troisième siècle de notre ère. Certains des textes ont été rédigés aux environs de 100 à 200 après J.-C. L'Évangile de Thomas est le plus célèbre d'entre eux. Ces manuscrits permettent de faire la lumière sur de nombreux aspects du christianisme mystique du début.

« Le corpus des Évangiles, relate le théologien Jean-Yves Leloup, s'est enrichi, depuis la découverte des manuscrits de Nag Hammadi, de nombreux textes fascinants attribués à Thomas, Philippe ou encore Pierre. Parmi eux, l'Évangile de Marie est le seul attribué à une femme ; écrit vers l'an 150, il est un témoin précieux de ce christianisme primitif. Myriam de Magdala, cette Marie Madeleine qui fut le premier témoin de la Résurrection, transmet ici les enseignements secrets qu'elle a reçus en vision. La pécheresse des Évangiles canonisée se révèle alors comme l'amie intime de Jésus, la détentrice d'une parole cachée même aux apôtres...

« L'Évangile de Philippe est un texte gnostique du deuxième siècle après J.-C., qui a dû servir de catéchisme à l'usage des initiés. Il se présente comme un témoignage original sur la vie et l'enseignement du Christ en son temps. Attribué à l'un des disciples les plus proches de Jésus, il permet de découvrir une figure peut-être plus humaine, très libre dans ses propos et dans ses attitudes vis-à-vis des hommes et des femmes qui l'entourent. Le personnage de Marie-Madeleine, « compagne » du Maître, y prend une importance singulière, et l'accent est mis sur le mariage initiatique entre le masculin et le féminin, image du retour à l'Unité originelle.

« L'Évangile de Thomas, découvert également en 1945 à Nag Hammadi, est sans doute le plus célèbre des évangiles apocryphes. Le plus singulier aussi, puisqu'au lieu de raconter la vie et les miracles de Jésus, il nous livre le cœur de son enseignement en cent quatorze logia ou aphorismes. Certains sont communs avec les Évangiles canoniques, mais la plupart jettent une lumière nouvelle sur la figure du Christ, qui y apparaît comme un maître spirituel aux accents gnostiques, dont la voix appelle à la méditation autant qu'à l'action. »[66]

La gnose, du grec *gnôsis* signifiant « connaissance » ou « savoir », repose sur une connaissance de la nature

---

[66] Entretiens de l'auteur avec Jean-Yves Leloup en septembre 2008.

intuitive au-delà des concepts et des analyses externes. Il s'agit d'une expérience intérieure profonde, processus continu de révélation de l'esprit qui cherche à s'unir à Dieu ou à l'Infini, au-delà de la réalité relative des concepts et des analyses. Lors des premiers siècles du christianisme, un grand nombre de groupes divers se sont présentés comme gnostiques, considérant la révélation et l'expériences individuelles comme essentielles. Comme ils accordaient une plus grande place au féminin, le conflit avec la pensée machiste de l'époque ne pouvait qu'être inévitable. La pratique de l'oraison de quiétude de la tradition mystique chrétienne, reconnue par l'Église, s'apparente à cette voie spirituelle mystique et se rapproche de la médiation bouddhique, de certaines formes spirituelles contemplatives du yoga de l'Inde, du judaïsme et du soufisme.

On fait souvent une confusion entre la gnose et le gnosticisme, mouvement sectaire des débuts de l'ère chrétienne. Cette confusion provient des écrits délirants de diverses sectes intégristes catholiques. La gnose orthodoxe suppose un chemin spirituel de purification, une consécration à la recherche de la Vérité intérieure. C'est la sagesse pérenne des mystiques de toutes les grandes traditions spirituelles, telle que l'entendent saint Clément d'Alexandrie ou Jean Cassien. Cette gnose se trouve dans la continuation de l'enseignement des apôtres, certains thèmes remontent au judaïsme et à d'autres traditions. L'humilité et la paix intérieure en sont la base pour progresser. L'amour, la compassion, la joie altruiste, la sagesse et la sérénité en sont les fruits.

Le gnosticisme est quant à lui une « connaissance » intellectuelle ésotérique, réservée à des «initiés» qui se jugent eux-mêmes au-dessus du vulgaire et vivent en chapelles fermées. La connaissance de ces « secrets » suffit au salut, en dehors de toute exigence morale. Elle engendre chez ses sectateurs un orgueil démesuré, avec une approche souvent dualiste et manichéenne du monde. Cette confusion jette le discrédit sur la gnose orthodoxe qui est une authentique mystique spirituelle.

Le Coran, principal texte religieux des musulmans, fut écrit en arabe au VIIe siècle après J.-C.. On le considère comme la parole de d'Allah (Dieu) révélée au prophète Mahomet par l'archange Gabriel. Le Coran s'articule en 114 chapitres. C'est plusieurs siècles après la mort de Mahomet qu'un calife décida de rassembler tous les fragments du texte, afin d'en constituer un livre unique.

Les sept manuscrits de soie de Mawangdui, découverts dans les années 1970 dans trois tombes datant du IIe siècle avant J.-C., près de la ville de Changsha dans la province chinoise du Hunan, représentent les plus anciens textes médicaux jamais découverts dans ce pays.

On 1992, dans la grotte de Dunhuang en Chine centrale, à l'ouest de Xian, on a découvert 492 grottes contenant plus de 50 000 manuscrits bouddhistes, datant du IVe au XIIe siècles.

Pour en revenir au Manuscrits de la mer Morte, tous les éléments étaient réunis pour faire de Qumrân un phénomène archéologique d'exception : « Une découverte rocambolesque dans la Palestine tourmentée de l'après-guerre, écrivent Jean-Baptiste Humbert et Estelle Villeneuve, un trésor de textes touchant aux sources du judaïsme et du christianisme, des rebondissements scientifiques, politiques, médiatiques, et puis l'ombre de ces pieux esséniens soudain resurgi des textes antiques, dans l'étonnant paysage de la mer Morte. »[67]

La découverte des Manuscrits

L'histoire des Manuscrits débute entre novembre 1946 et février 1947, près de la rive nord-ouest de la mer Morte, en Terre Sainte, à environ 14 kilomètres au sud de Jéricho et à 20 kilomètres à l'est de Jérusalem, dans une région aride, près du site archéologique de Qumrân. La mer Morte, située entre Israël et la Jordanie, est l'étendue d'eau la plus basse du monde. Cette mer salée, présente à près de 400 mètres au-dessous du niveau de la mer, fait environ 80 kilomètres de long sur 16 kilomètres de large.

La vallée n'était à l'origine qu'un immense lac. En se retirant au fil des millénaires, l'eau provoqua l'abaissement du niveau du lac, tout en creusant des canaux dans la roche. Une fois exposés à l'air, ces derniers se sont asséchés, formant ainsi des cavités ou des grottes.. Ce complexe de grottes constitua un endroit idéal pour se cacher ou

---

[67] Jean-Baptiste Humbert et Estelle Villeneuve, *L'Affaire Qumrân. Les découvertes de la mer Morte*, éditions Gallimard 2006.

dissimuler des trésors. L'aridité de la région permet de préserver les objets et les manuscrits anciens.

Tout semble commencer comme un conte oriental, lorsqu'un jeune pâtre du nom de Mohammed edh-Dhib recherche un chevreau égaré, durant l'hiver 1946-1947. Alors qu'il escalade l'un des nombreux rochers, il remarque une grotte ouverte dans laquelle il lance une pierre qui lui renvoie le bruit d'un pot brisé. Le jeune berger se hisse dans le trou et voit se profiler dans la pénombre une série de jarres. Le lendemain, Mohammed edh-Dhib revient avec ses cousins Khalil Musa et Juma Mohammed Khalil pour inspecter les lieux. Ils découvrent une quarantaine de jarres mesurant environ 60 centimètres de hauteur, dont la plupart sont vides. Mohammed edh-Dhib découvre dans l'une d'entre elles trois manuscrits d'aspect ancien. Deux des manuscrits sont enveloppés dans un tissu de lin, le troisième ne l'est pas. Tous sont usés et certains caractérisés par un aspect verdâtre de décomposition. Ils sont recouverts d'une substance semblable à la poix ou au goudron, afin de les protéger. Les textes découverts sont un Commentaire d'Habacuc, de la Règle de la communauté (Manuel de disciple) et le Grand rouleau d'Isaïe.

À Bethléem, aux porte du déserts, les trois bédouins pensent tirer profit de leur butin. La ville ne manque pas d'antiquaires. Ils se présentent chez Khalil Iskandar Sahin, cordonnier amateur d'antiquités, qui achète les rouleaux pour cinq dollars. Lors de l'été 1947, Khalil Juma et un ami de Sahin retournent à la grotte pour y rechercher d'autres rouleaux. Ils découvrent ainsi quatre autres rouleaux. Pensant que ces textes anciens n'étaient pas sans valeur,

Sahin cherche à en percer le mystère. Chrétien de l'église syrienne, Sahin rencontre le métropolite (évêque) Mar Athansius Yeshua Samuel de l'église orthodoxe syrienne Saint-Marc de Jérusalem. Le métropolite achète quatre des sept rouleaux pour une somme à peine supérieure à 30 dollars. Les quatre rouleaux achetés par le religieux correspondent à une copie presque complète du manuscrit d'Isaïe, du Commentaire d'Habaduc et d'une paraphrase de certains passages de la Genèse et du Manuel de discipline, appelé Règle de la communauté.

Dans l'espoir de vendre les trois autres rouleaux, Sahin prend contact avec des membres de l'Institut américain de recherche orientale de Jérusalem. John Trever, membre de l'institut, prend des photos de quelques-uns, afin de les publier par la suite. Durant la même période, Eleazar L. Sukenik, professeur d'archéologie à l'Université hébraïque de Jérusalem, entend parler des rouleaux et offre à Sahin de lui acheter les trois autres. Il réalise qu'il vient de faire l'acquisition du Rouleau de la guerre, du Rouleau des hymnes et d'une copie complète d'Isaïe. Il faut attendre avril 1948 pour que le public apprenne l'existence des Manuscrits de la mer Morte. Sukenik et les scientifiques américains publient des communiqués de presse.

Le 29 novembre 1947, pendant que Sukenik mène son affaire à Bethléem, le conseil des Nations Unies à New York adopte la résolution 181 qui prévoit le partage de la Palestine et la création de deux états indépendants, juif et arabe. Le 14 mai 1948, David Ben Gourion proclame la création de l'état d'Israël. Le lendemain, les armées d'Égypte, de Syrie et de Jordanie, soutenues par des contingents libanais et irakiens, se lancent à l'assaut d'Israël. Entre le nouvel État et les rives de la mer Morte passe désormais une frontière que la guerre israélo-arabe a rendue infranchissable. Ce conflit est éteint par une trêve en juillet 1948, ce qui rend possible une prospection de la région de Qumrân, lieu de découverte des manuscrits. À la fin de janvier 1949, la grotte des textes découverts est repérée par le capitaine Philippe Lippens de l'ONU. Elle est baptisée peu après grotte 1 de Qumrân.

Le métropolite Samuel, ayant besoin d'argent pour son église, décide de vendre les quatre rouleaux en sa possession. Il se rend aux États-Unis en 1949 dans le but de développer son église orthodoxe syrienne en Amérique en tirant profit des manuscrits. Durant plusieurs années, il ne parvient pas à trouver des acheteurs potentiels. Le prix qu'il en demande, plusieurs millions de dollars, est jugé trop élevé. Ne parvenant pas à les vendre à des riches particuliers, il décide en 1954 de publier dans la Wall Street Journal une annonce signalant la vente des manuscrits en ces termes :

« Les quatre Manuscrits de la mer Morte : vend manuscrits bibliques datant d'au moins 200 ans avant J.-C. Cadeau idéal à offrir à une institution éducative ou religieuse, de la part d'un individu ou d'un groupe d'individus. Boîte F206, The Wall Street Journal. »[68]

---

[68] Archives du Musée archéologique de Palestine, Jérusalem.

Par un étrange hasard, le fils du professeur Sukenik se trouve alors aux États-Unis lors de la parution de l'annonce. Bien que son père soit décédé un an auparavant, il achète les rouleaux pour la somme de 250 000 dollars. Il envisage ensuite de les renvoyer en Israël pour les intégrer à la collection permanente du pays. Les sept manuscrits sont désormais exposés au Sanctuaire du Livre du musée d'Israël à Jérusalem.

Le département des Antiquités de Jordanie, l'école biblique et archéologique française de Jérusalem, fondée en 1890 par le père dominicain Marie-Joseph Lagrange et le musée Rockefeller, créée en 1927, organisent une fouille complète de la grotte entre le 15 février et le 5 mars 1949. Le directeur du département des Antiquités de Jordanie, Gerald Lankester Harding, et le directeur de l'école biblique, le R.P. Roland de Vaux, dirigent la mission. Les nouveaux fragments livrés par cette fouille sont confiés pour étude au dominicain Dominique Barthélemy. Le père de Vaux invite ensuite un savant polonais se trouvant à Rome, Jozef Tadeusz Milik à venir prêter main-forte à Dominique Barthélemy.

Tandis que se déroule une nouvelle campagne de fouilles sur le site de Qumrân à la fin de l'année 1951, les bédouins locaux approvisionnent de nouveau le marché des antiquités de Jérusalem en manuscrits découverts dans des grottes, au sud de Qumrân, à 25 kilomètres de la ville sainte, près de la mer Morte, l'été de la même année. Au début de l'année suivante, les archéologues de l'école biblique et leurs collègues des autres instituts et musées se dépêchent vers les lieux pour sauver ce qui peut l'être, afin d'éviter l'éparpillement et le pillage des bédouins et des antiquaires. D'autres textes sont ainsi retrouvés.

En février 1952, les bédouins retournent à Qumrân et repèrent, plus au sud de la première grotte, une seconde grotte à manuscrits. Les archéologues accourent ensuite et, du 10 au 29 mars, fouillent la falaise de Qumrân sur huit kilomètres. Plus de quarante trous sont inspectés, ne livrant que de la poterie. Une troisième grotte à manuscrits est finalement découverte, abritant des parchemins et deux feuilles de cuivre roulées gravées de caractères hébraïques carrés. En juillet, les bédouins inondent encore le marché de Jérusalem de divers documents, dont des papyrus nabatéens, des fragments de texte des Douze Petits Prophètes en grec, des fragments bibliques et des textes araméens. Ils proviennent de grottes dont la localisation reste incertaine. Les institutions scientifiques de Jérusalem rachètent les documents, afin de les sauver de la dispersion.

En juillet 1952, à une quinzaine de kilomètres au sud-est de Jérusalem, les bédouins découvrent les vestiges d'une bibliothèque monastique de la forteresse de Marda, contenant des manuscrits rédigés en grec, en araméen de l'époque byzantine et en arabe, rassemblés dans une chambre souterraine. Le professeur Robert de Langhe est envoyé sur les lieux par l'université belge de Louvain et fouille le site de février à avril 1953.

Au début de septembre 1952, les bédouins pillent une quatrième grotte à Qumrân. Quelques jours plus tard, ces mêmes bédouins font la tournée des institutions scientifiques de Jérusalem pour vendre leur butin. Les archéologues tentent de localiser cette nouvelle grotte, mais les bédouins, désirant préserver leur gagne-pain, donnent de fausses pistes. Cependant, certains d'entre eux finissent par confier au père de Vaux l'endroit exact. L'école biblique alerte la police de Jéricho qui arrive en plein pillage et met en fuite les pillards. Roland de Vaux et Jozef Milik se rendent sur les lieux le 22 septembre.

« La grotte, écrivent Farah Mébarki et Émile Puech, accessible par un boyau, est saturée de poussière et de boue séchée qui enrobe... des rouleaux. D'une de ces mottes de terre, Jozef Milik tire des fragment d'un manuscrit qu'il reconnaît immédiatement : c'est le Livre d'Hénoch ! Des centaines de fragments sont recueillis en une semaine par des gens de l'école, du musée et des antiquités de Jordanie. Quant aux documents extraits par les bédouins, ils sont acquis, de façon dispersée, après des négociations qui s'étirent jusqu'à l'été 1956, par le gouvernement jordanien, les universités Mc Gill de Montréal (Canada), de Manchester (Grande-Bretagne), de Heidelberg (Allemagne), le Mc Cormick Theological Seminary de Chicago (États-Unis), la bibliothèque vaticane, l'école biblique et archéologique française (Jérusalem), puis sont reversés au musée archéologique de Palestine à Jérusalem. Quelques pièces, achetées par des particuliers, échappèrent au rassemblement de la collection à Jérusalem. »[69]

En décembre 1952, les archéologues découvrent une cinquième grotte à manuscrits, proche des ruines de

---

[69] Farah Mébarki et Émile Puech, *Les Manuscrits de la mer Morte*, éditions du Rouergue 2002.

Qumrân. Les fragments de peau se détériorent à l'air libre. Milik parvient à les protéger en les enroulant dans du papier toilette et en les plaçant dans des boîtes destinées aux films photographiques. Jusqu'au printemps 1955, les archéologues identifient quatre nouvelles grottes inconnues, recelant peu des fragments de manuscrits. Au début de 1956, les bédouins tirent d'une onzième grotte un nombre important de fragments de rouleaux.

Dès la découverte de la quatrième grotte, une équipe internationale de savants est rassemblée, afin d'étudier les textes trouvés dans les grottes de Qumrân. L'équipe se compose notamment de Jean Starcky et Jozef Tadeusz Milik (centre national de la recherche scientifique, Paris), Frank M. Cross (Mc Cormick Theological Seminary, Chicago), Patrick W. Skehan (université catholique de Washington), John M. Allegro (université de Manchester), John Strugnell (Jésus College, Oxford), Claus H. Hunzinger (université de Göttingen)…

En 1960, Yigael Yadin, l'archéologue israélien de renommée mondiale qui reçut le prix Israël pour sa thèse sur la traduction des Manuscrits de la mer Morte, achète à un Américain désirant conserver l'anonymat un fragment de Manuscrit de Qumrân qui s'avère appartenir au rouleau biblique des Psaumes. En juin 1967, il découvre chez un receleur arabe de nouveaux textes, provenant du Rouleau du Temple. À cette époque l'armée israélienne occupe la Cisjordanie jusqu'à l'est de Jourdain.

Entre 1950 et 1951, les premières publications scientifiques consacrées aux grottes de Qumrân connaissent un énorme retentissement. Les lecteurs découvrent une documentation inédite et exceptionnelle pour l'histoire de la Bible et du judaïsme. Sur les sept premiers manuscrits retrouvés, quatre seraient l'œuvre des esséniens, une secte juive, très admirée dans l'Antiquité pour sa piété et sa rigueur morale, disparue sans laisser de traces. Les manuscrits seraient l'héritage perdu de cette mystérieuse communauté religieuse, les ruines avoisinantes des grottes pourraient avoir été leur résidence. L'historien André Dupont-Sommer, professeur à la Sorbonne, crée la surprise en soulignant les troublantes affinités entre les esséniens et les premiers chrétiens, esséniens auraient été l'avant-garde des chrétiens.

« Pour les chrétiens qui conçoivent un Jésus de Nazareth sans attache historique, l'hypothèse effraie, écrivent Jean-Bapstises Humbert et Estelle Villeneuve. L'Occident, tenu en haleine par les médias, découvre que le dossier des manuscrits de Qumrân ne concerne pas seulement l'histoire ancienne du judaïsme mais aussi la première génération chrétienne. »[70]

En 1995, les autorités israéliennes responsables du patrimoine archéologique décident de mener l'exploration à grande échelle des centaines de grottes de la région, au moyen de la technologie la plus moderne. Quelques objets sont découverts mais aucun manuscrit.

On se demande parfois pour quelle raison il a fallu attendre si longtemps la publication et la traduction des

---

[70] Jean-Baptiste Humbert et Estelle Villeneuve, op.cit.

Manuscrits de la mer Morte. Suite à la découverte des sept rouleaux de la première grotte en 1947, neuf autres grottes ont été retrouvées de 1947 à 1955. La dernière et onzième grotte fut découverte en 1956. Ce n'est qu'en 1991 que la totalité du contenu des textes fut dévoilée au public. Tous les rouleaux de la première grotte furent publiés durant les années 1950. Une équipe de huit personnes publia le premier volume en 1955, s'en suivit un seconde volume en 1961, un troisième, reprenant les textes des grottes 2, 3, 5 et 10. Un quatrième fut publié en 1965, suivi, en 1968 et en 1977, d'un cinquième et d'un sixième volume. Certains importants documents de la grotte 4 ont attendu 1982 pour être édité.

« Le retard concernant le contenu de la grotte 4 constitua un problème majeur pour nombre de scientifiques, écrit John Desalvo. Certains en vinrent jusqu'à soupçonner une conspiration visant à occulter le péril que faisaient courir certains des manuscrits au christianisme, voire au judaïsme. L'équipe de scientifiques comptait en effet une majorité de catholiques ; nombreux furent ceux qui soupçonnèrent l'implication du Vatican. Nous savons qu'il n'en était rien. L'explication la plus logique à ce retard est que le groupe de traducteurs était bien trop réduit et que cette tâche ne constituait pas un travail à pleins temps, de par les autres postes et obligations universitaires que les scientifiques impliqués devaient assurer. Il semblerait également qu'après une phase initiale d'enthousiasme pour ce projet, beaucoup finirent par s'en désintéresser. »[71]

Comprenant un total de 60 000 fragments provenant d'environ 900 documents distincts, les Manuscrits de la mer Morte représentent un immense puzzle que les experts sont encore en train d'analyser et de cataloguer.

Le contenu et la classification des textes

Les textes découverts dans les grottes Qumrân représentent la source la plus ancienne et la plus abondante de manuscrits religieux juifs. Si leur majorité est rédigée en hébreu, certains le sont en grec ancien, la langue savante de l'Orient hellénisé, et en araméen. La plupart sont écrits sur du parchemin de peau d'animal, mais on trouve aussi des textes rédigés sur papyrus, papier obtenu à partir de la plante portant le même nom, et un exemplaire sur cuivre. L'encre est fabriquée à base de carbone. Bien que certains manuscrits ont été découverts intacts, la majorité se compose de fragments isolés. On en compte 60 000, la plupart endommagés. Des spécialistes des langues anciennes sont parvenus à identifier 900 textes de longueur variable, dont il ne reste parfois qu'un seul fragment. Les textes sont rédigés de droite à gauche sans ponctuation, comme l'hébreu ancien. Sept manuscrits intacts ont été trouvés dans la grotte 1, d'autres découverts dans la grotte

---

[71] John Desalvo, op.cit.

11. Le reste, présent sous formes de fragments, provient en grande partie de la grotte 4.

Aux 223 textes bibliques et apocryphes déjà connus, on trouve toute une moisson de 537 documents nouveaux, offrant un panorama exceptionnel du pluralisme du judaïsme antique. Recopiés entre 250 avant J.-C. et le Ier siècle après J.-C., certains des 223 documents bibliques révèlent une variété jusque-là insoupçonnée des livres sacrés juifs avant la constitution du canon de la Bible hébraïque. Ce n'est en effet que vers la fin du Ier et au début du IIe siècle de l'ère chrétienne qu'est attestée une collection de vingt-quatre Livres faisant autorité pour les communautés juives. Les manuscrits et les fragments bibliques découverts dans les grottes contiennent au moins quelques passages de l'Ancien Testament, à l'exception du Livre d'Esther, précédant de plusieurs milliers d'années ceux intégrant la Bible actuelle : le plus ancien fragment connu jusqu'alors datait du Xe siècle après J.-C. Vieux pour certains de 2000 ans, les Manuscrits de la mer Morte nous permettent de comprendre à quel point la Bible a changé lors de nombreux siècles de copie et de transmission. Une vingtaine de copies du Livre d'Isaïe ont été identifiées. Le Livre des Psaumes, dont 39 copies ont été retrouvées, forme l'un des textes les plus représentatifs des Manuscrits. On a dénombré 20 copies du Deutéronome, les plus anciens textes de l'Ancien Testament jamais découverts, précédant de 1000 ans tous ceux que l'on disposé jusqu'alors.

L'une des particularités les plus étonnantes de certains des Manuscrits tient au fait qu'ils ne figurent pas dans les Bibles actuelles. Nombre d'entre eux sont pourtant attribués à des personnages bibliques célèbres, comme Moïse et Joseph. Les textes contiennent des prophéties inconnues des prophètes Daniel, Jérémie et Ézéchiel. On y trouve également des écrits de Joseph, de Judas et d'autres non connus de notre Bible actuelle, ainsi que des psaumes ignorés du roi David. Le Rouleau d'Isaïe est quasiment identique au Livre d'Isaïe de la Bible moderne. D'autres textes dévoilent de légères différences, dont une version du Livre de Jérémie qui se signale par la longueur et par l'ordre du récit. Nombre de psaumes présents dans la Bible sont également différents, comme notamment les psaumes 90 et 150, présentés dans un autre ordre.

Le Rouleau du Temple semble être un supplément au Pentateuque, regroupant les cinq premiers livres de la Bible actuelle. Le texte est centré sur la construction de l'édifice religieux et les sacrifices rituels. D'autres textes traitent du calendrier à utiliser à des fins liturgiques. Les deux principaux calendriers reposaient sur le calendrier solaire et le calendrier lunaire, ce dernier étant utilisé par les prêtres juifs de l'Antiquité. Or parmi les Manuscrits découverts on trouve le calendrier solaire, considéré par les rédacteurs de l'époque comme plus bénéfique sur le plan spirituel. Le nombre de jours de leur cycle étant différent, les dates obtenues pour les fêtes religieuses varient grandement. Le calendrier lunaire est plus court d'environ dix jours par rapport à sa contrepartie solaire.

On trouve de nombreux textes consacrés aux anges, reposant sur un ensemble d'hymnes et de prières que les anges offrent à Dieu. Ces prières ont servi aux humains pour s'adresser également aux anges. L'un des thèmes les plus importants de ces prières concerne le temple des cieux, dont la terre n'est qu'un reflet.

Les Manuscrits abordent les pratiques et les rituels de la communauté de Qumrân, comme les lois, les règles et les règlements. Il s'agit d'enseigner à ses membres la voie d'une vie conforme aux volontés de Dieu, assurant également le salut lors de la fin des temps. Un texte détaille l'acceptation des nouveaux membres, les vœux, les jours de fête, indique comment demander à Dieu de bénir les membres, connus sous le nom de fils de la lumière, réciter les malédictions promises aux pécheurs, appelés fils des ténèbres.

L'enseignement des deux esprits fait une longue description entre un homme habité à la fois par les forces du bien et celles du mal. Les individus de la communauté de Qumrân ne sont pas libres de choisir car la part de bien ou de mal serait prédéterminée par Dieu avant leur naissance et ne pourrait plus être modifiée. Un individu peut recevoir à la naissance jusqu'à huit parts de bien pour une part de mal. L'inverse est également possible. Entre ces deux extrêmes, toutes les combinaisons sont possibles. Il est important pour la communauté de pouvoir reconnaître ces caractéristiques dans chacun de ses membres pour écarter ceux majoritairement habités par le mal. On fait pour cela appel à l'astrologie, à certaines techniques de divination, mais également à la physiognomonie, permettant de déterminer les caractéristiques de l'âme à partir de l'apparence physique. Les attributs physiques incluent les protubérances sur la tête, la couleur des yeux, des cheveux et de la peau, le son de la voix ou encore la forme du corps.

Il arrivait même que la physiognomonie soit utilisée pour prédire la destinée d'une personne. L'astrologie et la physiognomonie étaient vues dans l'Antiquité comme des sciences établies.

Le Manuel de discipline traite des procédures disciplinaires qui s'appliquent aux membres de la communauté de Qumrân, dirigée par un Maître, soutenu par des prêtres, appelés Fils de Sadoq. Le texte aborde les raisons de la formation de la communauté, la façon de la rejoindre, les règles et les règlements qui la régissent, les punitions spécifiques en cas de violation des règles, allant de la diminution de la ration alimentaire à l'expulsion définitive.

La Règle de la congrégation décrit les dispositions à suivre lors de l'apparition du Messie, dont la préparation militaire de la communauté à la fin du monde, suivie de diverses bénédictions, s'illustrant durant les rituels et les rassemblements.

Le Document de Damas parle d'Israël, présente un bref historique, exhorte les membres à la fidélité religieuse afin d'être récompensés lors de la fin des temps. Viennent le détail des règles et du respect du Sabbat, les vœux, des considérations juridiques. L'un des passages traite des règles applicables aux femmes et aux enfants, montrant ainsi la distinction avec la partie de la communauté composée des hommes devant se plier à la discipline de l'ascèse et du célibat.

Le Rouleau de la guerre, découvert dans la grotte 1, évoque le combat entre le bien et le mal qui aura lieu à la fin des temps. On se demande si il s'agit d'un manuel pratique destiné au combat ou d'un texte purement symbolique. La bataille finale doit avoir lieu les six années précédant la fin des temps et le bien l'emportera sur le mal. La ville sainte de Jérusalem sera libérée du démon et le culte véritable restauré. Cette bataille sera suivie d'une guerre de 33 ans à l'issue de laquelle toutes les nations rebelles seront détruites.

Les spécialistes ont établi une classification des textes de la façon suivante : les manuscrits bibliques, les apocryphes et la littérature essénienne.

Tous les livres de la Bible juive canonique, à l'exception d'Esther, sont représentés dans la documentation de Qumrân. On y trouve la Genèse, Le Lévitique, le Deutéronome, Isaïe, les petits prophètes, les Psaumes. La Genèse, qui explique les origines du monde, de l'humanité et des ancêtres du peuple d'Israël (Abraham, Isaac, Jacob, Joseph), est représentée à Qumrân par 19 manuscrits. L'Exode, qui illustre la sortie d'Égypte des Israélites dirigés par Moïse, repose sur 17 manuscrits. Le Lévitique, qui liste les lois sociales et religieuses confiées à la garde des prêtres descendants de Lévi, compte 13 copies. Huit manuscrits présentent le Livre des Nombres, évoquant deux recensements des douze tribus d'Israël au Sinaï. Trente-trois manuscrits du Deutéronome, seconde loi rappelant au peuple d'Israël le sens de ses expériences au désert et la loi divine à respecter, ont été retrouvés. Les livres des quatre grands prophètes postérieurs contiennent les paroles des messagers de Dieu, à savoir Isaïe, Jérémie, Ézéchiel et Daniel. On compte à ce sujet 21 manuscrits, dont six pour Jérémie, six pour Ézéchiel et huit pour Daniel. Les douze petits prophètes (Amos, Osée, Joël, Abdias, Jonas, Michée, Nahum, Habaquq, Sophonie, Aggée, Zacharie, Malachie) sont représentés par huit manuscrits. Les Psaumes, poèmes cultuels chantés, ont été identifiés par bribes sur 34 copies. Les Proverbes, conseils de sagesse, figurent dans les restes de trois manuscrits. Les Lamentations, qui déplorent la destruction de Jérusalem, comptent parmi les fragments de quatre manuscrits. Les Chroniques, fresques historiques, sont représentées par un seul texte. Les textes deutérocanoniques, écrits qui n'ont pas été retenus par les docteurs de la Loi juive à la fin du Ier siècle de notre ère lors de la composition de la liste officielle des livres saints du judaïsme, sont représentés par les livres de Tobit, du Siracide et de l'Épître de Jérémie.

« Par ailleurs, rapportent Farah Mébarki et Émile Puech, ont été retrouvés à Qumrân des apocryphes vétéro-testamentaires. Ces textes témoignent de la riche littérature religieuse dont disposaient les Juifs aux derniers siècles du millénaire avant notre ère. Pour certains, leur existence était connue car des copies ou des versions araméennes, grecques, éthiopiennes, latines ou autres existaient encore ou avaient été découvertes avant Qumrân. Pour d'autres, inconnus jusqu'à leur découverte dans les grottes de Qumrân, l'information transmise est toute neuve. »[72]

Ces apocryphes perdus du judaïsme et découverts à Qumrân ont pour nom : Le Livre des Jubilées, le Livre

---

[72] Farah Mébarki et Émile Puech, op.cit.

d'Hénoch, les Testaments des douze patriarches (dont des témoignages des Testaments de Lévi, de Nephtali, de Juda, de Joseph), le Testament de Jacob, le Testament de Qahat, un Apocryphe de la Genèse, Un Pseudo-Jérémie, les Psaumes de Josué, les Visions de Amram, la Prière de Nabonide, les Paroles de Michel, le Livre des Géants, la Naissance de Noé, le Pseudo-Ezéchiel, le Pseudo-Daniel, le Pseudo-Moïse, la Prophétie de Josué, un Apocryphe de Daniel , Jérusalem nouvelle, les Quatre royaumes... Le livre des Jubilés est représenté par 17 manuscrits, composés vers le milieu du IIe siècle avant J.-C. par des prêtres, qui racontent l'histoire sainte, depuis la Création jusqu'à la théophanie au Sinaïe. Le Livre d'Hénoch apparaît sur 12 manuscrits. Il s'agit d'une apocalypse juive qui remonterait au IIe siècle avant J.-C. Le Testament des douze patriarches, œuvre du IIe siècle avant J.-C., rapporte les ultimes paroles des douze fils de Jacob. Le Testament apocryphe de Lévi est attesté par des fragments en araméen provenant des grottes 1 et 4. La version Qumranienne est plus longue que celle connue jusqu'alors. Le Testament de Nephtali a été retrouvé dans la grotte 4. Il rapporte les paroles de Nephtali, fils de Jacob, chef d'une des tribus d'Israël. Le Testament de Juda ne réunit à Qumrân que quatre fragments araméens, datant du Ier siècle avant J.-C. L'auteur est l'un des onze frères de Joseph. On a retrouvé à Qumrân cinq petits morceaux en araméen du Testament de Joseph, remontant au Ier siècle avant J.-C. Le Testament de Jacob est limité par une seule copie dont n'ont subsisté que 25 bribes en araméen. Le texte est autant de nature apocalyptique que testamentaire. Le Testament de Qahat, datant du IIe siècle avant J.-C., repose sur quelques fragments issus de la grotte

4, portant sur les paroles d'adieu de Qahat, fils de Lévi, à son fils Amram et à sa descendance. Les Visions de Amram est le titre d'un ouvrage de nature testamentaire dans la lignée des Testaments de Lévi ou de Qahat. L'exemplaire qui a le mieux survécu dispose de 45 fragments. Un Apocryphe de la Genèse de 100 avant J.-C. provient de la grotte 1. Il s'agit d'une version romancée de la Genèse, dotée d'ajouts tel le récit de la naissance de Noé. L'un des passages raconte le voyage d'Abraham et de Sara en Égypte. Les Psaumes de Josué de la grotte 4 rassemblent des hymnes inconnues avant les découvertes des rouleaux de la mer Morte. La Prière de Nabonide, portée pour la première fois à la connaissance des savants, porte sur le roi historique Nabonide d'Assyrie et de Babylonie vers 555-539 avant J.-C. Les Paroles de Michel sont le récit d'une vision d'anges mentionnant l'archange Gabriel. Le Livre des Géants est une œuvre dont les grottes 1, 4 et 6 ont livré de nombreux fragments. La Naissance de Noé est un texte araméen trouvé dans la grotte 4 en trois exemplaires, racontant la venue d'un enfant qui sera reconnu comme « élu de Dieu » par des signes corporels distinctifs, dont une tache rouge sur sa chevelure. Bien d'autres textes apocryphes ont été reconnus parmi les fragments des grottes, comme l'Apocryphe de David, l'Apocryphe de Moïse, l'Apocryphe de Jérémie, l'Apocryphe de Daniel, l'Apocryphe d'Élisée, les Prophéties apocryphes, la Prophétie de Josué, les Visions de Samuel, la Paraphrase des Rois, Psaumes et Prières, Chronologies bibliques, Lamentations, Béatitudes, les Quatre Royaumes, Les Phases de la lune, Horoscopes, Proverbes…

Parmi les textes bibliques de Qumrân, plus de la moitié ne recevront pas la caution rabbinique et, de ce fait, ne figurent pas dans la Bible hébraïque. On les nomme apocryphes, c'est-à-dire que leur authenticité n'est pas établie. En revanche, certains de ces textes se trouvent dans le canon de la Bible chrétienne au IIe siècle de notre ère. Les catholiques les nomment deutérocanoniques, appartenant au deuxième canon, tandis que les protestants, reprenant la tradition juive, les ont rejetés.

La littérature essénienne, représentant un tiers des textes découverts, rassemble des écrits divers, commentaires ou florilèges, compilations ou paraphrases de passages bibliques, prières, codes de discipline, règles… Nous avons déjà mentionné le Document de Damas, La Règle de la Communauté, La Règle de la Congrégation, Le Recueil des Bénédictions, La Règle de la Guerre, le Rouleau du Temple. On a également trouvé le Rouleau des Hymnes, La Parole des Luminaires, Prières liturgiques, Prières pour les Fêtes, Prières du matin et du soir, Actions de grâces après le repas, Incantations, Cantiques du sacrifice du sabbat. Des textes de sagesse et les Règles forment un autre ensemble de textes esséniens, comme Instruction, Voie de Justice, Pièges de la femme, Ordonnances. Les Cantiques du Sage sont un texte d'exorcisme. L'unique manuscrit de Melchizédec, trouvé dans la grotte 11, met en lumière un personnage céleste qui réalisera l'expiation et jugera au nom de Dieu à la fin du dernier jubilé. On rattache ces manuscrits à la veine littéraire d'un courant religieux radical, séparé de la société juive qu'il jugeait pervertis. Eleazar Sukenik, dès 1949, et surtout André Dupont-Sommer, en 1950, ont rapproché ce mode de vie austère avec celui des esséniens, décrits par les auteurs juifs, comme Philon d'Alexandrie et Flavius Josèphe. Depuis, cette littérature est généralement acceptée comme essénienne.

Le Rouleau de cuivre, sorti de la grotte 3, a été entièrement restaurée en France en 1993, par les techniciens du laboratoire Valectra d'électricité d'EDF, sous la direction de l'ingénieur Lacoudre. L'ensemble rédigé dans une langue hébraïque ressemblant fort à un dialecte local se compose de plus de 3000 caractères. Le contenu indique 64 emplacements à Jérusalem et ses environs où d'innombrables trésors auraient été ensevelis entre 66 et 70 après J.-C. Nous nous y étendrons plus longuement dans un chapitre suivant.

La pluralité des tendances juives manifestées par les textes, la diversité des écritures recensées par les paléographes semblent dépasser les capacités d'un seul groupe de copistes. « L'idée a fait son chemin que tous les rouleaux de Qumrân et que le corpus résulterait plus largement d'une collecte dans différentes communautés de la Judée et de Jérusalem, écrivent Jean-Baptiste Humbert et Estelle Villeneuve. Rien n'empêche en revanche que celle-ci aient été essénienne. La variété des textes témoignerait alors des tendances diverses de la secte, voire d'une évolution interne (…). La quantité, la dispersion des manuscrits et le soin apporté à leur dépôt militent en faveur d'un sauvetage planifié, sous la menace latente d'un danger généralisé. La formule répond mieux au climat de crise et de répression qui régnait sous l'occupation romaine avant la destruction du temple en 70 après J.-C., même si certains cherchent à l'associer à la seconde révolte, celle de Bar Kokhba en 135. La paléographie et les analyses du carbone 14 n'ont pas la précision suffisante qui permettrait de trancher. »[73]

La découverte des Manuscrits de la mer Morte comble les lacunes de nombreux récits bibliques incomplets en leur rendant tout leur sens. Il en est ainsi du récit du premier livre de Samuel concernant Nahash, roi des Ammonites. L'histoire ne prend tout son sens qu'à la lecture du texte des Manuscrits de la mer Morte où se trouve la réponse de Saül à un appel des tribus de Gad et de Reuben en quête de protection contre les assauts de Nahash. De même, le chapitre 12 de la Genèse ne fournit aucune explication sur la décision d'Abraham de partir en Égypte depuis Canaan : il apparaît dans les Manuscrits de la mer Morte qu'il fait un rêve prophétique lui intimant de poursuivre son voyage.

L'histoire de David et Goliath figurant dans le premier livre de Samuel au chapitre 17 relate l'affrontement entre David, un jeune homme, et le géant Goliath qui mesurait six coudées et un empan, soit environ trois mètres. Or dans la version du Livre de Samuel retrouvée dans les Manuscrits de la mer Morte, la taille de Goliath est d'environ quatre coudées et un empan (au lieu de six), soit 1 mètre 98, une taille possible pour un homme.

Les Manuscrits de la mer Morte comportent également des textes sur le culte des Anges, un thème important de la

---

[73] Jean-Baptiste Humbert et Estelle Villeneuve, op.cit.

mystique juive, avec sa vision du Trône divin. L'ancienne tradition hébraïque stipulait que ces textes devaient être réservés uniquement aux personnes de 30 ans au minimum, car leur lecture pouvait engendrer des visions spontanées et des expériences mystiques. Le Livre d'Ezéchiel raconte comment il fut transporté vers les cieux, alors qu'il se trouvait en exil à Babylone avec d'autres captifs. Il eut alors une vision du Trône divin, qu'il décrivit dans le premier chapitre.

Lecture et datation des textes

Environ 20 pour cent des textes de la mer Morte sont de nature biblique. Une proportion identique est formée de textes non bibliques dont l'existence était déjà connue avant de les découvrir. Il reste environ 60 pour cent de textes inconnus dont il est impossible de deviner le contenu avant d'en avoir rassemblé les fragments. Cela revient à reconstituer un puzzle à partir d'un ensemble hétéroclite de pièces manquantes, de doublons, de pièces endommagées, dont l'ensemble représente 800 manuscrits.

Concernant le déchiffrage des indices, la première étape consiste à disposer les fragments sur des tables sous verres pour les examiner. On recherche ensuite les indices permettant d'établir un lien entre les fragments. La plupart sont des parchemins, d'autres des papyrus. Chacun des parchemins présente sa propre caractéristique, obtenu à partir de peau d'animaux, comme la chèvre, le veau, le mouton ou autres. Il existe également des variations entre les peaux de par leur couleur, leur épaisseur et leur grain.

Un autre indice concerne le type d'écriture. La plupart des textes ont été rédigés par des scribes différents. Il est possible de distinguer l'écriture de chaque scribe. On associe ainsi les fragments en fonction du type d'écriture. Cette tâche n'est pas cependant facile, car nombre de fragments sont sérieusement endommagés et de taille réduite, parfois aussi petite qu'un ongle.

Les lignes tracées par des scribes sur les parchemins présentent un indice. De même que les écoliers d'autrefois tracés de lignes sur leurs cahiers, les scribes ont fait de même sur les parchemins. L'espacement et le nombre de lignes par page varie en fonction du scribe et du texte, ce qui représente des éléments d'identification des fragments. Il est possible également d'examiner la manière dont les lettres sont placées sur les lignes, au-dessus, en dessous ou au milieu, pour cibler les scribes.

« L'un des idées les plus ingénieuses des chercheurs fut de tirer parti des dommages subis par les rouleaux, dus en majorité au climat et aux insectes, écrit John Desalvo. Les manuscrits étaient enroulés et non rangés à plat comme dans une rame de papier. Par conséquent, si un insecte avait grignoté le manuscrit en traversant le rouleau, il laissait derrière lui une piste de trous contribuant à identifier les différents fragments. De même, si un rouleau avait été posé à la verticale et avait été endommagé par l'humidité, par exemple, il était possible d'utiliser les traces de ces dégâts pour identifier les pièces qui formaient cette extrémité. »[74]

---

[74] John Desalvo, op.cit.

Il est possible d'identifier des fragments similaires du même animal, composant le parchemin, à l'aide de tests ADN. D'autre part, les photographies à la lumière infrarouge font ressortir les zones estompées afin de lire des lettres difficiles à distinguer. Les méthodes informatiques d'imagerie numérique, de correction ou d'agrandissement facilitent le travail de lecture et d'identification.

Une fois plusieurs fragments rassemblés, l'étape suivante consiste à transcrire le texte correspondant. Le chercheur lit alors le manuscrit et note en caractères hébreux standard les lettres qu'il peut déchiffrer. Les passages manquants ou impossible à déchiffrer sont indiqués par des crochets. Cette méthode de transcription permet de comprendre clairement et reconnaître les écrits. L'étape suivante consiste à traduire le texte dans d'autres langues comme le français ou l'anglais.

Le système d'étiquetage de chaque fragment identifie l'endroit d'où il vient. Les fragments sont classés en fonction de leur grotte d'origine et numérotés suivant le même procédé. Ainsi, 1Q18 signifie que ce fragment provient de la grotte 1 à Qumrân (Q = Qumrân). Le nombre 18 indique qu'il s'agit du dix-huitième manuscrit de la grotte 1. Les lignes sont numérotées à partir du haut de la colonne vers le bas. Comme nous l'avons déjà indiqué, les passages manquants ou endommagés sont signalés par des crochets. Les mots reconstitués sont inclus dans ces crochets, de sorte que même s'il manque du texte, le rédacteur peut deviner ce qui se trouvait.

Au sujet de la conservation des manuscrits, il semblerait que la première équipe chargée des manuscrits n'ait pas pris les mesures nécessaires pour veilleur à leur protection. Certains des chercheurs ont utilisé de l'adhésif pour recoller les fragments. Des fragments ont été abandonnés de longues heures sur des tables en plein soleil. Un chercheur appliqua de l'essence de girofle sur certains fragments pour en faire ressortir les caractères. On rapporte que des personnes fumaient à côté des manuscrits et auraient laissé tomber des cendres dessus.

Avec la mise en place, en 1991, d'un laboratoire de conservation des manuscrits, un lent travail de restauration a vu le jour, comme ôter l'adhésif au scalpel, éliminer les taches dues à la colle ou au tabac, traiter les cuirs. Les résidus adhésifs ont disparu à l'aide de méthodes expérimentales, comme des solvants spéciaux et l'on rangea les fragments entre des cartons non acides. Les papyrus, plus délicats que les peaux, ont bénéficié d'un traitement particulier, comme le montage des fragments sur du papier japonais découpé à l'identique de leurs formes, qu'on colla sur un carton non acide, le tout glissé entre deux feuilles de polypropylène.

« L'épigraphiste d'aujourd'hui a gagné en confort de lecture dans un sens, écrivent Farah Mébarki et Émile Puech, mais il a également perdu une qualité de lecture que le verre ou les cartons mobiles offraient : contrôler le verso d'une pièce de cuir pour en déterminer la couleur, y détecter, par exemple, d'éventuelles traces de la lanière maintenant à l'origine le rouleau fermé, des traces d'encre, un complément textuel etc., était possible avec les verres, mais ne l'est plus puisque les fragments sont désormais collés sur du papier. »[75]

Depuis le recensement des documents tirés des grottes, établi par Jozef Milik et l'équipe internationale de savants durant les années 1960, leur nombre s'est accru au fur à et mesure de l'étude des fragments, à la suite d'une répartition corrigée, tels éléments ayant été enregistrés par erreur au même rouleau, alors qu'en fait cela n'était pas le cas.

L'encre utilisée sur les textes est composée de suie (carbone), d'huile et d'éléments végétaux (galle de chêne notamment), à l'instar des encres utilisées par les scribes juifs de l'Antiquité. Plus rarement, on constate la présence d'encre rouge à base de cinabre (sulfure de mercure) servant à écrire les en-têtes ou à ouvrir les paragraphes, comme l'attestent une copie du Deutéronome et un exemple du Livre des Nombres de la grotte 4. Mais ce n'était pas la règle, loin de là.

La lecture des textes anciens nécessite une formation de paléographe. Les Manuscrits ont été rédigés dans des langues différentes et des époques diverses. L'écriture dite paléo-hébraïque de l'hébreu ancien se signale dans certains livres du Pentateuque, le Livre de Job, des manuscrits non identifiés, ainsi que sur des monnaies. L'écriture juive formelle à caractères carrés est utilisée pour l'hébreu (langue dans laquelle ont été rédigés les textes bibliques, des textes apocryphes et les œuvres esséniennes), ainsi que

---

[75] Farah Mébarki et Émile Puech, op.cit.

pour l'araméen, langue sémitique parente de l'hébreu, devenue plus populaire que l'hébreu dès l'époque perse pour l'usage courant. Ont été écrits en araméen le Livre de Daniel, des textes bibliques traduits de l'hébreu et de nombreux textes apocryphes. Certains manuscrits bibliques ont été rédigés en grec. À ces trois écritures majoritairement présentes dans les manuscrits s'ajoutent du latin sur des monnaies et un sceau. Des fragments nabatéens ont été trouvés dans des grottes à Massada et En Gedi.

Avant l'apparition de la datation au radiocarbone, les manuscrits ont été datés en fonction de la typographie, celle-ci évoluant avec les langues et l'écrit. Il est possible d'identifier l'époque d'un document d'après le style graphique d'écriture. Grâce à l'observation attentive de chaque écriture, paléo-hébraïque, araméenne ou grecque, le savant paléographe est capable de placer le document manuscrit dans une certaine période. La graphie évolue avec le temps. Lors de la lecture du manuscrit, le paléographe demeure attentif à l'orthographe des mots et à la qualité de la langue employées. Il peut relever des erreurs du scribe. Il peut dater une écriture par la présence de keraias, sortes des fioritures qui se rencontre plus couramment au Ier siècle après J.-C.

La qualité de lecture d'un texte dépend de l'état de conservation du manuscrit. Des rouleaux ont été découverts dans un état relativement peu délabré, comme le manuscrit d'Isaïe de la grotte 1 ou le Rouleau du Temple de la grotte 11. Il en va autrement des textes très fragmentaires, souvent réduits en charpie, dont ceux de la grotte 4. Le travail consiste alors à trouver des joints entre les morceaux épars, comme pour un puzzle. Les lacunes peuvent également être complétés par recoupement avec un autre exemplaire, par comparaison avec des textes déjà connus, par déduction à partir de la portion conservée d'un mot avant ou après la lacune, par la signification de la phrase avant et après la cassure, par la taille de l'espace manquant entre deux membres d'une phrase.

L'une des méthodes les plus sûres pour dater les anciens textes est la méthode au radiocarbone, appelée datation au carbone 14 (C14). Cette technique permet de dater des éléments jusqu'à 60 000 ans, à condition qu'ils contiennent des atomes de carbones. Cette datation correspond à la technique standard utilisée pour dater les organismes, cet atome formant la base de la vie. La technique repose sur la théorie selon laquelle tous les organismes vivants respirent de l'air qui contient à la fois des atomes de C12, éléments stables, et une petite quantité de C14 radioactif, instable et dont la radioactivité décroît de manière régulière. Ces organismes absorbent régulièrement du C12 et du C14. Le C14 est présent tant que l'organisme est vivant. Lorsqu'il meurt, qu'il s'agisse d'une plante ou d'un animal, il cesse d'absorber du C12 et du C14, et l'isotope instable commence à se désintégrer peu à peu. Son taux de désintégration est indiqué par sa période radioactive (demi-vie), période nécessaire pour que la moitié de ses atomes se désagrègent normalement. La demi-vie du C14 est égale à 5730 ans. Cela signifie que si un organisme contient 100 molécules de C14 à sa mort, il n'en possédera plus que 50 au bout de 5730 années. Il est alors possible, en mesurant ce rapport dans un organisme et en procédant à une extrapolation, de déterminer la date de la mort de cet organisme et donc de le dater. C'est ainsi que les Manuscrits de la Morte ont pu être datés. Écrits sur des parchemins de peaux d'animaux ou du papyrus, la méthode de datation au C14 s'applique facilement.

En 1951, une partie du tissu en lin dans lequel les rouleaux de la grotte 1 étaient enveloppés servit pour la datation au carbone, suivant des dates allant de 167 avant J.-C. à 233 après J.-C. Dans les années 1990, la technique la plus efficace de spectrométrie de masse par accélérateur (SMA) fut utilisée, permettant d'accomplir une datation au carbone à partir d'une petite quantité de matériau et d'obtenir une précision plus sûre. Cette fois-ci, huit fragments de manuscrits permirent d'obtenir une plage assez proches des dates attendues (200 ans avant J.-C. à 100 ans après J.-C). Les appareils les plus modernes destinés à étudier les manuscrits, font appel aux techniques avancées de spectrométrie de fluorescence X.

Le site archéologique de Qumrân

Étalé au pied d'un escarpement truffé de grottes, le site de Qumrân domine la rive nord-ouest de la mer Morte. À quatre cents mètres sous le niveau de la mer, sous un climat chaud et aride, le bassin de la mer Morte passe à tort pour une région inhospitalière. Si les pluies y sont rares, les nombreux ruissellements, sources ou torrents jalonnent les deux rives. Du fait de la possibilité d'irriguer le sol environnant, des humains se sont établis sur le littoral dès le IVe millénaire avant J.-C., comme en témoigne le site de Tuleilat Ghassul sur la côte nord-ouest.

Formée au bas d'une fosse tectonique qui prolonge le rift africain, la mer Morte doit son nom au fait qu'aucun organisme vivant ne résiste à sa forte teneur en sel. Surnommée mer de Sel par la Bible, les Grecs et les Romains de l'Antiquité voyaient en elle un lac Asphaltite, du fait du bitume naturel flottant librement. Le fleuve Jourdain, les grands oueds et toutes les eaux qui s'y jettent s'évaporent sous l'effet de la chaleur, tandis que des concrétions salines se forment sur les rives.

Les recherches archéologiques ont démontré que de petits établissements résidentiels et ruraux (Aïn Gedi, Callirhoé ez-Zara, Zoara-Safi, Aïn Feshkhal) s'étaient établis sur les rives ouest et est durant l'Antiquité, ainsi que des localités (Aïn el-Ghuweir, Aïn et-Turabeh, Aïn Umm) plus nombreuses à l'ouest où la plaine est plus large. Les habitants vivaient de l'agriculture dans des jardins irrigués et de sereines palmeraies. Le palmier dattier, non incommodé par l'eau salée, y pousse facilement. L'archéologie confirme sa culture dans l'Antiquité, c'est ainsi que les fouilles de Qumrân et de Masada ont livré des milliers de noyaux de dattes, dont les troncs des arbres étaient utilisés pour les charpentes et les palmes pour les toitures.

« La nature y offrait encore bien d'autres ressources mentionnées dans les textes, écrivent Jean-Baptiste Humbert et Estelle Villeneuve : le bitume, rejeté par le fond marin, était un monopole nabatéen. Il était vendu aux armateurs pour le calfatage des bateaux et aux embaumeurs égyptiens pour la momification. Le sels et les sulfures dont les eaux de la mer Morte sont riches parvenaient jusqu'à

Rome. Le baumier exploité sur les côtes fournissait des essences aux parfumeurs réputés de Jéricho. Les roseaux, qui prolifèrent autour des points d'eau, servaient aux vanniers pour fabriquer les paniers et les nattes. On en a trouvé des traces à Qumrân, sur le site et dans les grottes. Enfin, les plants natifs d'indigo donnaient une teinture d'excellente qualité, dont ont bénéficié les textiles qui enveloppaient les manuscrits dans les grottes. »[76]

Les bords de la mer Morte ne manquaient pas d'activités économiques. Les habitants de Qumrân savaient en s'installant dans la région qu'ils bénéficieraient de toutes les ressources nécessaires.

Dans l'Antiquité, les bords de la mer Morte, marqués de promontoires rocheux ou bordés de falaises à pic, gênaient la circulation routière. Depuis Jéricho, Qumrân était accessible par un sentier longeant la falaise et se poursuivant en bord de mer à travers l'oasis jusqu'à la source d'Aïn Feshkla. De là, on se heurtait sur un cap que l'on ne pouvait franchir sans se risquer à l'escalade. Pour se rendre à Jérusalem depuis Qumrân, il était nécessaire de grimper la falaise à l'aide de moyens de fortune qui ont laissé des traces dans la gorge escarpée. En route, on faisait étape à la forteresse asmonéenne de l'Hyrcanion. Pour les destinations plus éloignées, la mer Morte offrait tous les itinéraires possibles. De Qumrân, la rive est aussi proche qu'un jet de pierre. Le long de la côte, des embarcadères étaient aménagés sur les plages. Des ancres découvertes par

---

[76] Jean-Baptiste Humbert et Estelle Villeneuve, op.cit.

la baisse récente des eaux attestent que des navires ont circulé. À Khirbet Mazen, à environ cinq kilomètres au sud de Qumrân, se dressait une puissante bâtisse qui servait de relais aux notables et commerçants de la région. Elle disposait d'une cale sèche avec sa rampe d'accès pour abriter les bateaux. De là, le roi Hérode, du vivant de Jésus, pouvait rejoindre l'oasis enclavée de Callirhoé et les sources chaudes pour y soigner ses douleurs articulaires.

La navigation en mer Morte est également prouvée par les textes de l'époque. Nabatéens et Grecs s'y déplaçaient en barque pour récolter les mottes de bitumes. Les Romains y poursuivaient les insurgés juifs. Par terre ou par mer, Qumrân n'était pas isolé du reste du monde, mais restant peu fréquenté il pouvait satisfaire les âmes solitaires.

Le père dominicain Roland Guérin de Vaux (1903-1970), qui fouilla la région avec divers archéologues réputés, assigne à Qumrân trois grandes phases architecturales qu'il nomme période. La première période, vers 150 avant J.-C., est marquée par l'arrivée d'un embryon de communauté qui restaure la ruine d'un fortin de l'âge de fer (VIIIe-VIIe siècle). Peu après, à l'époque de Jean Hyrcan (135-104 avant J.-C.), la communauté essénienne, en plein essor, consolide le lieu. Au bord d'un ravin, les installations reposent sur un ensemble de bâtiments au nord et une esplanade qui s'allonge jusqu'à l'escarpement méridional de la terrasse. Un long mur sépare le plateau du centre communautaire, à l'est. Un édifice carré, flanqué d'une tour d'angle au nord-ouest, se présente comme le bâtiment principal de la communauté, autour duquel s'étendent ateliers, cours, enclos et citernes, offrant une vie en autarcie. L'établissement dispose également d'une ferme domaniale à la source d'Aïn Feshkla. Le père de Vaux estime la communauté à deux cents membres permanents, dont seulement quelques-uns résident dans l'établissement même et, faute de place, les autres campent dans les grottes ou sous des tentes. Ils ne se rassemblent tous que pour des rites communautaires. Leur exigence de pureté rituelle explique le grand nombre de bassins à ablutions. La première période se termine par un tremblement de terre, accompagné d'un incendie en 31 avant J.-C.

Toujours d'après le père de Vaux, la secte essénienne se replie sur Damas, ne revient à Qumrân que trente années après, si bien que ce retour débute la seconde période. Les esséniens restaurent les bâtiments moyennant quelques modifications. Lorsque les Romains saccagent la région de Jéricho en représailles contre la révolte juive en 68 après J.-C., l'établissement est détruit et les murs s'effondrent sur le mobilier. Ayant prévu le danger, les esséniens ont le temps de cacher leurs manuscrits dans les grottes les plus proches et les cavités naturelles de la falaise. La communauté, dispersée, ne reviendra jamais plus à Qumrân.

Lors de la troisième période, selon le père de Vaux, une garnison romaine campe près des ruines pour surveiller la région jusqu'à la chute de la forteresse juive de Masada en 73. Le site sert de refuge aux insurgés de la seconde révolte juive entre 132 et 135, et ne sera plus réoccupé par la suite.

Les installations fouillées entre 1951 et 1956 se prêtent à une présentation de la vie quotidienne et des activités communautaires des esséniens, comme les écrivains de l'Antiquité les ont décrites. Le père de Vaux en a fait l'épicentre de sa démonstration archéologique. Dans la partie sud-ouest du bâtiment principal, le père de Vaux situe une salle pour les conseils de la communauté. Ensuite, il passe en revue les installations domestiques, la cuisine, la teinturerie, la laverie. Au sud du bâtiment, il trouve le réfectoire et l'office annexe. De part et d'autre de l'ensemble, sont logés différents ateliers, dont les équipements du potier, la meunerie et son annexe, des fours, enfin le bassin rituel et les citernes. Selon le père de Vaux, l'étage supérieur se serait écroulé lors de l'incendie de 68-69 de notre ère. Dans les décombres, les archéologues ont recueilli deux encriers et des fragments de tables et une banquette en maçonnerie lissée au plâtre. Le père de Vaux interprète cet étage comme un atelier de scribes, avec le mobilier de copistes qui, d'après lui, ont rédigé la plupart des manuscrits retrouvés dans les grottes. Au sud du bâtiment principal, une autre salle de grande taille présente un sol enduit et des dimensions pouvant convenir à des activités communautaires. Dans une pièce attenante, plus d'un millier de poteries sont rassemblés en piles bien ordonnées : ce serait une enceinte sacrée.

Dans la cour nord de l'établissement, plusieurs centaines de dépôts d'ossements d'animaux sont enfouis peu profondément sous le sol dans des marmites ou des jarres. Le nombre et la dimension des réservoirs à eau contribuent à croire en la présence d'une communauté religieuse très soucieuse de pureté rituelle. Un canal traverse le site pour alimenter tous les bassins. Tardivement, un barrage dans la gorge du Wadi est venu augmenter la collecte des eaux conduites jusqu'au site par un aqueduc, long de quatre centre mètres. Des piscines font office de bains rituels avec leurs marches pour atteindre l'eau. La présence de nombreux ateliers confirment la volonté d'autarcie d'une communauté repliée sur elle-même. Une meunerie préparait sur place la farine qu'une boulangerie transformait en pain. Un atelier de potier fournissait une vaisselle à la parfaite pureté rituelle, la cuisine assurait sur place les repas en collectivité. Une teinture offrait la couleur voulue aux franges rituelles des tuniques et des autres vêtements. Une laverie redonnait la propreté des pagnes de lin blanc dont parlent les historiens antiques au sujet des esséniens.

Ainsi, d'après le père de Vaux (1903-1970), les vestiges retrouvés apportent la preuve que le site archéologique de Qumrân serait celui d'une communauté essénienne. Ce révérend père de l'ordre dominicain des frères prêcheurs, archéologue, historien et exégète de l'Ancien Testament, dirigeait l'école biblique et archéologique française de Jérusalem à l'époque de la découverte des manuscrits. Il fut à la tête de la mission archéologique de l'école à Qumrân qui fouilla les grottes et le site archéologique, avec les équipes de G. Lankester Harding (Jordanie), et du Palestine Archaeological Museum de la fondation Rockefeller de Jérusalem. Il dirigea la mission conjointe (mission française de l'école financée par le ministère français des Affaires étrangères, le Service des Antiquité de Jordanie et la fondation Rockefeller de Jérusalem) à Qumrân pour l'étude de l'établissement en ruines des bords de la mer Morte. L'équipe internationale organisée en 1953 pour préparer la publication des manuscrits et composée de sept savants (Jozef Milik,

Patrick Skehan, Frank Cross, John Allegro, John Strugnell, Jean Starcky, Claus Hunzinger, auxquels fut rattaché Maurice Baillet) fut placée sous sa direction.

La fouille des grands sites de Judée (Jérusalem, Jéricho, les forteresses de Masada et de l'Hérodion), sans oublier les rives transjordaniennes de la mer Morte (Callirhoé et Macheronte) a livré une documentation nouvelle considérable qui contredit, en partie, la thèse essénienne du père de Vaux, concernant le site archéologique de Qumrân. Ainsi, en 1994, Norman Golb, professeur à l'université de Chicago, auteur et spécialiste mondialement connu du passé hébraïque, a publié en en 1995 un important ouvrage remettant en cause le fait que Qumrân fut un sanctuaire essénien. Norman Golb estime qu'il s'agirait plutôt d'un fortin avec sa tour de garde, son rempart, son cimetière. D'après lui, Qumrân était le foyer militaire de la résistance zélote (guerriers juifs) à l'occupation romaine. Les découvertes de Norman Golb ont fait l'objet de plusieurs livres et de nombreux articles sur les rouleaux de la mer Morte, les Khazars, les prosélyte médiévaux et l'histoire des Juifs d'Égypte, de Sicile et de la France médiévale. Il a reçu, en 1984, la Grande Médaille de la ville de Rouen.

« En 1994, raconte Norman Golb, une équipe, sous la conduite du Dr Yizhar Hirscheld, de l'université hébraïque, fouillait un site peu connu, à environ 3,2 kilomètres au nord de Césarée, non loin de la côte méditerranéenne. Ce site, connu sous le nom de Horvat Eleq (Ruine des sangsues), est l'un des différents groupes de constructions antiques qui occupent les hauteurs imposantes du Ramat Hanadiv, d'où l'on jouit d'une vue panoramique de la plaine de Sharon jusqu'aux collines de Samarie. Les quatre campagnes de fouilles allaient apporter des preuves supplémentaires à la nature séculière et non religieuse de Qumrân.

« L'équipe découvrit une place fortifiée typique, semblable à celles mentionnées par Josèphe et les auteurs des Livres de Maccabées. Durant la conquête de la Judée, les Asmonéens construisirent des douzaines de forteresses dans tout le pays, dont le rôle était, avant tout, de défendre les villages contre d'éventuelles invasions ennemies, mais aussi de maintenir le contrôle sur la région, la sécurité des routes et des transports et l'ordre public.

« Les principaux éléments dégagés par les fouilles du site sont les vestiges d'une énorme tour fortifiée dont les murs extérieurs ont plus d'un mètre d'épaisseur, et d'un ensemble d'habitations à l'est de celle-ci. La ressemblance archéologique entre les deux sites, Qumrân et Horvat Eleq, est indéniable. Tous deux ont une tour fortifiée pourvue de salles en sous-sol et d'un mur de façade en pierre, ainsi que des habitations à proximité. À Qumrân, il y avait aussi, de chaque côté de la tour, des ensembles d'habitations. L'étude comparative des découvertes archéologiques démontre que Horvat Eleq et Qumrân n'étaient pas les seuls forts de campagne de Palestine. Ils s'ajoutent à une série de forteresses similaires. »[77]

---

[77] Norman Golb, *Qui a écrit les manuscrits de la Mer Morte ? À la recherche du secret de Qumrân*, éditions Plon 1998.

Des archéologues belges, Pauline et Robert Donceel, affirment que le site de Qumrân serait une ancienne ferme industrielle sur le modèle de la *villa rustica* décrite par l'architecte romain Vitruve. Sur l'indice d'un four à bain-marie restitué dans le quartier artisanal et la présence de fioles en verre, ils avancent que le site était voué à la culture du baumier, avec la fabrique de parfums. Le scriptorium ne serait selon eux qu'une salle à manger. Poursuivant l'idée d'une villa rustica, Yitzhak Hirschfeld, de l'université hébraïque de Jérusalem, y voit la résidence secondaire d'un noble judéen, sans doute de Jérusalem, du fait que le matériel archéologique serait trop luxueux pour des religieux.

Deux Australiens, Alan Crow et Lean Cansdale, parlent de leur côté des installations de Aïn Feshkha comme d'un comptoir exportant le verre en Arabie, avec ses magasins et son quai, et son auberge, plus haut sur le plateau, à Qumrân. Plus récemment, deux chercheurs israéliens, Yitzhak Magne et Yuval Peleg, insistant sur la grande quantité de vases trouvés sur place, réduisent le site à une fabrique de poteries avec ses fours, ses bassins de décantation et son entrepôt. Alléguant l'origine non qumrânienne des manuscrits, ces interprétations rejettent le lien entre les grottes et le site, et refusent d'assimiler les habitants de Qumrân aux esséniens.

« Il demeure que Qumrân, écrivent Jean-Baptiste Humbert et Estelle Villeneuve, n'a rien d'une forteresse imprenable, que le verre n'est pas plus abondant ici que n'importe quel autre site, que les trouvailles, très modestes, ne peuvent passer pour aristocratique, pas plus que la route de l'Arabie ne passe pas par la mer Morte ; enfin, la disposition spatiale des lieux ne convient pas à un atelier des potiers. »[78]

Jean-Baptiste Humbert est responsable du département d'archéologie à l'école biblique et archéologique française de Jérusalem, où il réside depuis 1969. Il a participé aux fouilles de Suse, en Iran, et dirigé les fouilles de Tell Keisan, en Galilée, de Khirbet Smara, de la citadelle d'Amman et du palais de Mafraq, en Jordanie. Outre la publication des fouilles du père de Vaux à Qumrân, il dirige les fouilles de Gaza, en coopération avec les autorités archéologiques palestiniennes.

Estelle Villeneuve est archéologue, diplômée des universités de Louvain et de Paris I-Sorbonne. Elle a été boursière de l'académie des inscriptions et belles-lettres auprès de l'école biblique et archéologique française de Jérusalem et a participé à de nombreux chantiers archéologiques en Jordanie, Syrie et Liban. Chercheur-associé à l'UMR « Archéologie et Science de l'Antiquité » de la maison de l'archéologie René-Ginouvès de Nanterre, elle collabore régulièrement à la revue Le Monde de la Bible.

Avec ces deux auteurs reconnus et d'autres chercheurs, on assiste alors à une nouvelle interprétation essénienne du site de Qumrân. En reprenant les données de fouilles à la lueur des progrès de l'archéologie depuis 1960, les

---

[78] Jean-Baptiste Humbert et Estelle Villeneuve, op.cit.

spécialistes de l'école biblique ont révisé l'interprétation du père de Vaux. Même si leur examen confirme la dimension religieuse du site, et vraisemblablement essénienne du lieu, l'occupation n'est pas aussi ancienne que le pensaient les premiers fouilleurs. Ce que l'on connaît de nos jours de l'architecture aristocratique de l'Orient hellénistique permet de distinguer dans la structure carrée de la cour centrale du bâtiment principal une demeure patricienne avec les restes épars d'un décor monumental et de nombreuses monnaies d'Alexandre Jannée (104-75 avant J.-C.). L'occupation aurait donc été laïque, asmonéenne et peut-être princière si cette maison avec son oasis était dans la dépendance de la forteresse de l'Hyrcanion à une heure de marche.

À l'époque des rois asmonéens, on sait qu'une maison hellénistique occupait l'éperon marneux de Khirbet Qumrân, sans doute la résidence du maître du domaine agricole qui s'étendait en contrebas, sur la rive de la mer Morte. Large de 37 mètres de côté, elle disposait d'une cour annexe et d'une citerne. Sa façade principale, ouverte au nord du ravin descendant vers l'oasis, était flanquée d'une tour, destinée au guet. Les esséniens ont remodelé cet ensemble, surtout sa partie sud, pour installer des citernes et bains rituels, et lui adjoindre des annexes suivant les besoins de leurs pieuses activités. Détruite vers le milieu du Ier siècle avant J.-C., la maison restaurée aurait accueilli les premiers esséniens, mais pas avant Hérode (37 avant J.-C.).

L'on sait cependant que les manuscrits trouvés dans les grottes environnantes ne provenaient pas que d'un groupe juif religieux spécifique mais de plusieurs. La fonction religieuse du site est cependant attestée. Le récent examen des vestiges et des fouilles archéologiques apportent la preuve du cadre religieux de l'endroit. L'orientation de l'enclos nord correspond à celle de Jérusalem : il serait l'espace en plein air où les fidèles se rassemblaient pour prier, tournés vers le temple. Le mur de plusieurs kilomètres, partant de Qumrân et unifie l'oasis jusqu'à Aïn Feshkha, serait la clôture symbolique d'un espace réglementaire, à l'intérieur duquel la circulation était permise le jour du sabbat, afin que les membres de la communauté religieuse ne soient pas isolés du domaine et de la source. La salle, où le père de Vaux voyait un réfectoire pour le repas sacré, aurait abrité le rite juif annuel de l'offrande des prémices. La pièce voisine où la vaisselle se trouvait empilée avec soin a été murée, soit pour interrompre le rite au profit d'un culte plus spirituel, soit pour éviter une profanation. Les dépôts d'ossements animaux enterrés seraient les restes de repas religieux, correspondant peut-être à la pâque juive.

L'archéologie moderne suggère l'existence d'un centre cultuel juif, ouvert et multiple, non replié sur lui-même. La communauté essénienne était cependant la plus importante parce que les auteurs antiques, Pline l'Ancien et Dion Chrysostome, ont situé les groupes esséniens sur la rive ouest de la mer Morte. Le site offre un cadre adéquat de ce que l'on sait de la vie essénienne par Flavius Josèphe et Philon.

Au sujet des dépôts d'ossements découverts dans la cour nord du site, les auteurs anciens Philon et Pline affirment que les esséniens sont « voués au service de Dieu sans sacrifier d'animaux ». Pourtant, l'auteur Josèphe prétend de son côté le contraire. Il est donc possible que ces mentions contradictoires signalent une évolution de la communauté essénienne vers une forme religieuse moins sanglante et plus sereine, que la présence du dépôt de vaisselle liturgique illustrerait notamment.

À quarante mètres à l'est des ruines s'étend sur le plateau un important cimetière qui atteint la pente. Il frappe les archéologues par son dépouillement et sa stricte organisation. Cette religiosité sobre du lieu semble indiquer la présence des esséniens. Norman Golbe y voit par contre un cimetière militaires de zélotes, tombés dans la région de Qumrân, lors de la première révolte juive contre l'occupant romain. Depuis, deux cimetières du même type ont été découverts et offrent des précieux parallèles. Le premier se trouve à la périphérie de Jérusalem, à Beit Safafa, près du quartier où auraient habités les esséniens. Le second, à Khirbet Qazone, sur la rive orientale de la mer Morte, se situe en territoire nabatéen. Le mode de sépulture de Qumrân ne serait donc pas uniquement propre aux esséniens. Il aurait accueilli des Juifs de diverses communautés religieuses. La présence de quelques sépultures féminines démontre également que les esséniens n'étaient pas fermés à la présence féminine. En 1990, la philosophe américaine Linda Bennet dénonce une vision trop machiste de l'essénisme et réhabilite la place des femmes à Qumrân, du fait de leur présence dans le cimetière. L'anthropologue israélien Joe Zias défend le célibat essénien de Qumrân en démontrant que les squelettes féminins sont des intrusions bédouines tardives.

À deux kilomètres au sud de Khirbet Qumrân, au bord de la source d'Aïn Feshkha, à la limite des eaux salées de la mer Morte, se dressent les vestiges d'un ensemble de bâtiments, dont l'origine est toujours discutée. La poterie est identique à celle des esséniens du site. Une clôture en pierres sèches se prolonge vers le nord-est en direction de Qumrân, semblant réunir les deux établissements en un unique domaine agricole qui occupait une terre bien irriguée, plantée d'une palmeraie. L'édifice principal, de forme rectangulaire, est une maison hellénistique avec chambres disposées autour d'une cour centrale, une volée de marches menant aux terrasses. Dans le vaste enclos s'étendant au sud-ouest de la maison se trouvait un hangar, long de trente mètres et largement ouvert au sud où des piliers supportaient un auvent. La disposition tire parti de l'ensoleillement tout en ménageant de l'ombre, ce qui semble suggérer au père de Vaux l'idée d'un séchoir à dattes, installation normale au sein d'une palmeraie. Dans l'enclos nord du bâtiment central, une série de bassins et de cuves étaient alimentés par une source de nos jours tarie. L'ensemble disposait d'une alimentation en eau et d'un puisard pour recueillir une matière non identifiée. Le père de Vaux pensait à l'installation d'une tannerie ou de mégisserie pour la préparation des parchemins. Deux importants tambours monolithes près des bassins auraient servi à traiter les peaux. On sait depuis que cette installation était une industrie textile qui aurait contribué à la sauvegarde des manuscrits.

Outre les onze grottes à manuscrits découvertes à Qumrân, vingt-six autres abritaient des objets divers, dont la céramique. Les jarres à manuscrits et les couvercles étaient de loin les plus nombreux, le plus souvent brisés. Des objets utilitaires étaient également présents, comme la vaisselle domestique, les lampes, les noyaux de dattes, des lambeaux d'étoffes, de corde, une natte et des étuis à phylactères. Les petites cavités creusées dans les à-pic étaient manifestement impropres à l'habitat et contenaient peu d'objets. Les grottes naturelles des falaises ont servi d'entrepôts. Des perches de bois découvertes dans une des grottes seraient les montants d'un métier à tisser vertical. De nouvelles recherches archéologiques accomplies durant les années 1990 par les chercheurs israéliens n'ont pas apporté d'arguments nouveaux en faveur d'un habitat dans les grottes ni d'un campement autour du site. On pense désormais que les grottes n'ont servi que de refuge de fortune pour les partisans de Bar Kokhba lors de la seconde révolte juive contre l'occupant romain.

Préparés en vue d'un séjour prolongé dans des grottes, les manuscrits étaient protégés de l'humidité, des rongeurs et des insectes. Il fallait également un moyen pour les identifier. Les manuscrits étaient enroulés et enveloppés dans une housse protectrice et placés dans des jarres. Cent cinquante fragments d'étoffes et plus d'une centaine de jarres ont été découverts dans presque toutes les grottes, y compris celles qui n'ont pas livré de manuscrits.

Les manuscrits étaient enroulés dans la longueur d'une première étoffe rectangulaire de lin uni, puis dans une seconde toile de lin prise en diagonale. La housse extérieure était décorée de motifs géométriques teints à l'indigo, insérés en cours de tissage. Des analyses ont montré que la teinture utilisée était d'une concentration importante, exigeant au moins cent kilos de teinture pour un kilo de fibre. Chaque tissu présentait un agencement propre de rayures ou des rectangles bleus, créant des combinaisons uniques. La variation des motifs répondrait à un code spécifique pour identifier les manuscrits sous leurs enveloppes. Les manuscrits n'ont pas tous bénéficiés d'une protection aussi efficace. La teinture du lin comprend un mélange de fibres animales et de fibres végétales. La fraude était courante de teindre de la laine à la place du lin.

Une fois serrés par des liens de cuir dans leur enveloppe textile, les rouleaux étaient déposés dans des jarres de deux types : l'un, haut et cylindrique, et l'autre, plus court, légèrement ovoïde et équipé de trois ou quatre petites anses. La conservation de manuscrits dans des jarres en terre cuite est attestée dans la Bible, et aucune règle légale s'imposait pour leur fabrication. Un couvercle était emboîté sur le col. Ainsi protégés, les textes étaient parés pour affronter les agressions de toutes sortes.

« L'une des méthodes employées pour la datation des Manuscrits de la mer Morte consiste à analyser et à dater des objets découverts dans les ruines de Khirbet Qumrân, écrit John Desalvo, en supposant évidemment qu'il existait un lien entre la communauté de Qumrân et les manuscrits découverts dans les grottes. Les poteries et fragments de poterie comptent parmi les objets les plus nombreux découverts lors des fouilles. On y a retrouvé notamment des jarres, des vases et des plats probablement utilisés pour boire, manger et cuisiner. »[79]

Certains objets trouvés sur le site se prêtent également à la datation au carbone 14. Parmi ces objets se trouvent des bols, des peignes et des boîtes. Nombre de pièces de lin ont été retrouvées, certaines enveloppant les manuscrits. Également figurent des phylactères (petites boîtes en cuir portées sur la tête et les bras et contenant de petits rouleaux sur lesquels étaient inscrits des versets religieux), des paniers, des éléments en pierre et même des pièces de monnaie frappées entre 130 et 125 avant J.-C. L'unique stylet retrouvé à Qumrân (encrier de bronze) portait encore des traces d'encre séchée. Il s'agissait de l'instrument d'écritures des scribes. L'encre était préparée à partir de poudre de carbone et de gomme.

L'un des premiers archéologues à explorer le site de Qumrân fut le pasteur anglais Henry Baker Tristam, né en 1822. Il se rendit plusieurs fois en Palestine entre 1858 et 1872 pour rechercher les anciennes cités bibliques de Sodome et de Gomorrhe. Tristam ne trouva aucune preuve d'un lien quelconque entre ces villes et le site de Qumrân. Entre 1872 et 1873, Charles Clermont-Ganneau, un célèbre archéologue français, explora plusieurs site de la Palestine. Il exhuma plusieurs tombes dans les environs de Jérusalem ainsi qu'une tombe sur le site de Qumrân. Mais il n'explora pas les grottes environnante et estima que l'endroit ne présentait pas une grande importance historique. Le site ne

---

[79] John Desalvo, op.cit.

suscita en fait aucun intérêt pour les 150 années qui suivirent.

Au vu des exhumations récentes, les chercheurs estiment désormais que le site connut trois occupations différentes, suite à la différenciation des trois couches distinctes. Grâce à l'identification de poteries, de pièces de monnaie et d'autres objets, les archéologues sont en mesure d'attribuer des dates aux différentes couches exhumés où ils ont découverts les différents objets. Ils pensent que la première période d'occupation, appelée Phase israélite, s'étendit du VIIIe au VIIe siècle avant J.-C., soit vers la fin du royaume d'Israël. La seconde période, connue sous le nom de Phase communale, correspondrait de l'avis de nombreux spécialistes à la période d'occupation par les esséniens, période qui se termina en 68 après J.-C. par la destruction du site par les Romains. Il semble que l'armée romaine y installa un poste avant de délaisser l'endroit aux environs de 73 après J.-C., site qui reste inoccupé durant près de 60 ans. La troisième et dernière période, appelée Phase de la seconde révolte, s'étendit de 132 à 135 après J.-C. Des Juifs y auraient trouvé refuge pour échapper à l'armée romaine lors de la deuxième révolte juive. Nous allons nous pencher à la seconde période, Phase communale, correspondant de l'avis de nombreux spécialistes à la période d'occupation du site par les esséniens.

La découverte des cimetières de Qumrân représentent un fait historique important. Trois cimetières auraient été utilisés par les esséniens. Le cimetière principal, le plus grand, situé à l'est du site, comprend 1200 tombes. Deux autres cimetières de tailles plus modeste ont été exhumés, l'un au nord du site et l'autre au sud, chacun d'eux ne contenant pas plus de 50 sépultures. Le père de Vaux découvrit les premiers squelettes des cimetières de Qumrân entre 1949 et 1955. Une cartographie de la zone a été effectuée en 2001 et 2002. Aucun objet ou bien personnel n'a été trouvé auprès des corps dans les tombes. Chacune des tombes était recouverte d'un lit de pierre. Les autopsies ont révélé que la majorité des personnes inhumées étaient âgées d'environ 40 ans lors de leur décès. Une majorité de corps d'hommes ont été retrouvés, quelque sépulture comportant cependant des corps de femmes et d'enfants ont été exhumés.

Des recherches plus récentes indiquent qu'il existe en réalité six cimetières et non trois, correspondant aux sections nord et sud du cimetière principal, aux extensions nord, centrale et sud et à un cimetière de la colline nord.

Examinons plus en détails les onze grottes où ont été trouvés les manuscrits et des fragments d'objets. La première grotte contenait onze manuscrits intacts, des jarres en terre cuite, des fragments de poterie ainsi que des fragments de manuscrits épars. Il semble qu'elle soit restée inviolée jusqu'en 1947. Elle aurait été scellée dans les années 60 après J.-C. On y a trouvé cinquante jarres. Les reconstitutions effectuées par la suite laissent supposer que cette grotte abritait à l'origine au moins 80 manuscrits intacts. Personne ne sait ce qu'il est advenu d'une partie de ces manuscrits. On pense que les bédouins en ont utilisé certains afin de faire du feu dans leur camp ou pour les vendre au marché noir. Il est également possible que certains manuscrits se soient désintégrés du fait des conditions climatiques, de l'érosion ou ont été victimes de la voracité de divers insectes.

La grotte 2, découverte en 1952 par les archéologues, abritait quelques jarres en terre cuite cassées ainsi que des fragments de quelque 40 manuscrits, dont la plupart d'entre eux étaient des textes bibliques, tandis que d'autres seraient des extraits des évangiles apocryphes.

La grotte 3 a été également découverte par les archéologues en 1952. On y a trouvé des fragments de 30 jarres brisés et les fragments de 25 manuscrits. Elle a cependant donné lieu à une découverte exceptionnelle ayant bénéficié d'un retentissement mondial, à savoir l'unique rouleau de cuivre découvert dans les grottes, dont le contenu correspond à une véritable carte au trésor, signalant 64 lieux de Palestine où d'importantes quantité d'or et d'argent ont été cachées. Le rouleau de cuivre était cassé en deux lors de son exhumation. Le texte rédigé en hébreu a été frappé sur le cuivre au marteau et au burin. L'ensemble comporte plus de 3000 caractères hébraïques. Il s'est avéré difficile de le dérouler sans qu'il se brise ou se désagrège. Son ouverture a exigé plusieurs années de travail. Il fallut le découper en bandelettes pour l'ouvrir et pouvoir lire son contenu. Cette tâche s'acheva en 1956 au Manchester College of Technology de Grande-Bretagne. Les spécialistes réussirent à le découper en 23 bandelettes étroites et légèrement courbées au moyen d'une scie circulaire. Une fois le rouleau lu et traduit, il indique 64 emplacements à Jérusalem et ses environs de quelques 25 tonnes d'or et 65 tonnes d'argent. Il s'agit de l'unique rouleau de cuivre découvert. Il ne correspond à aucun système de classification. Il est rédigé dans une langue hébraïque différente de celle des autres Manuscrits de la mer Morte. Il pourrait s'agir d'un dialecte local. Il présente une écriture unique, différente de celle des autres manuscrits. Certains mots sont rédigés de façon inattendue.

« Il semble improbable, écrit John Desalvo, que les esséniens, secte ascétique ayant renoncé aux possessions temporelles, aient pu détenir un tel trésor. D'aucuns pensent qu'il pourrait s'agir du trésor du temple de Jérusalem, qui aurait été caché avant que les Romains ne pénètrent dans la ville et la détruisent entre 66 et 70 après J.-C. Mais si ce trésor et bien le trésor du Temple, pourquoi la secte de Qumrân se serait-elle vu confier la carte afin de la dissimuler avec ses manuscrits ? Plusieurs questions restent à élucider et nombre d'hypothèses ont d'ores et déjà été avancées. »[80]

Certains chercheurs estiment qu'il s'agit d'une pure fiction. La carte ne serait qu'un élément d'un récit de fiction sur un trésor enfoui. D'autres pensent au contraire que cette carte mène à un trésor qui attend toujours d'être découvert. Cette carte s'avère précise dans la mesure où elle indique l'emplacement spécifique (tombes, étangs, sous-sols…), le contenu précis du trésor et la profondeur où il a été enfoui. L'ensemble du texte énumère notamment les trois lieux principaux où la majeure partie du trésor serait enfouie, à savoir Jérusalem, Jéricho et ses environs, sans oublier la

---

[80] John Desalvo, op.cit.

zone de la mer Morte. Outre l'or et l'argent, le trésor se compose de vases, de tenues de prêtres et de diverses pièces de mobilier provenant du temple de Jérusalem. La 64ᵉ et dernière cachette mentionnée ne contiendrait aucun trésor, mais une copie du rouleau de cuivre indiquant d'autres informations et mesures liées aux emplacements des trésors. Certains chercheurs estiment qu'il serait nécessaire de posséder les deux cartes pour trouver le trésor. Il se peut également que la seconde carte explique commet décrypter la première.

Le trésor fut notamment recherché par John Allegro (1923-1988), épigraphiste anglais de l'université de Manchester, membre de l'équipe internationale chargée de la publication d'un lot de manuscrits de la grotte 4. Il est l'auteur de nombreux ouvrages sur les Manuscrit de la mer Morte. En 1953, il fut recruté au sein d'une équipe chargée d'étudier les manuscrits, équipe qu'il intégra jusqu'en 1970. Il fut l'un des membres les plus controversés de l'équipe et mit en doute les théories orthodoxes ou traditionnelles se rapportant aux manuscrits. Il déclara que le retard de publication des manuscrits provenait d'une conspiration du Vatican : thèse largement réfutée par la suite par les plus grands spécialistes et l'Église elle-même. Persuadé de l'existence d'un trésor enfoui, il mit sur pied une expédition en 1962. Il recherca des documents et des objets pouvant l'informer sur l'endroit de ce trésor. Son expédition bénéficia d'une large couverture médiatique. La quête du trésor ne porta jamais ses fruits, même si certains emplacements potentiels furent identifiés.

La découverte du rouleau de cuivre constitue cependant une remise en cause de la thèse officielle, selon laquelle les esséniens de Qumrân auraient été à l'origine de la dissimulation des manuscrits dans la grotte et de la rédaction de certains d'entre eux. Il est reconnu que cette communauté religieuse avait renoncé à toute possession matérielle. Il est improbable qu'elle ait détenu un quelconque trésor évoqué dans le rouleau. Si ce trésor enfoui est bien réel, d'où vient-il et par qui fut-il dissimulé ? Il est possible qu'un groupe en possession du trésor ait demandé à la communauté de Qumrân de cacher la carte dans l'une des grottes. Les possibilités sont nombreuses et les faits établis assez rares. Certains pensent que la cachette décrite sur le rouleau de cuivre provenait en fait du temple de Jérusalem, et que l'ensemble fut dissimulé avant le pillage et la destruction de la ville sainte par l'armée romaine en 68 après J.-C. Cela semble fort probable car le temple de Jérusalem représente l'unique endroit possible pour entreposer une telle quantité d'or et d'argent pour l'époque. Autre indice, certains mobiliers spécifiques du temple de Jérusalem figurent sur la liste du trésor.

Certains spécialistes estiment que les prêtres du temple de Jérusalem dissimulèrent ce trésor aux 64 emplacements mentionnés et fabriquèrent une carte de cuivre, afin que ce trésor soit récupéré par la suite. Ceux-ci auraient ensuite caché en personne le rouleau de cuivre dans la grotte 3 ou auraient demandé à la communauté de Qumrân de le faire pour eux. Cette interprétation contredit cependant le fait que la communauté essénienne aurait été en désaccord profond avec les prêtres du temple de Jérusalem. N'oublions pas que le temple de Jérusalem faisait office de banque et que nombre de personnes et marchands fortunés avaient coutume d'y déposer leurs biens de valeur. Des estimations effectuées lors des années 1960 chiffraient la valeur du trésor à plus d'un million de dollars. Le problème majeur de cette thèse tient au fait que les deux groupes ne s'appréciaient pas : les esséniens considéraient les prêtres de Jérusalem comme néfastes et apostats. Pourquoi se seraient-il aidés mutuellement. Il est plausible qu'il aient unis leurs efforts pour combattre l'ennemi commun, plus dangereux encore que leurs discordes religieuses, à savoir les Romains.

Les fragments du rouleau de cuivre sont conservés et exposés dans une vitrine de verre tapissée de velours, conçue à cet effet au musée archéologique de Jordanie à Amman. Le Rouleau de cuivre continue cependant de s'oxyder peu à peu, notamment aux endroits où il fut découpé à la scie circulaire.

« Il semble peu probable, écrit John Desalvo, que cette carte au trésor ne soit qu'une pure fiction. Le cuivre était en effet un matériau très onéreux, à fortiori le cuivre très pur ayant servi à la réalisation. La gravure au marteau et au burin représentait en outre à l'époque une tâche longue et laborieuse. Enfin, la description extrêmement précise des emplacements donne l'impression qu'il s'agit bel et bien d'une authentique carte au trésor. Si cette histoire n'était qu'une fiction, pourquoi quelqu'un aurait-il pris la peine de mettre le rouleau à l'abri dans une grotte où il ne serait pas retrouvé avant plusieurs générations, voire plusieurs milliers d'années ? Le fait que cette carte soit gravée sur du cuivre et non inscrite sur un parchemin ou du papyrus indique en outre que l'auteur voulait qu'elle fût préservée pendant longtemps. Autant d'éléments qui laissent supposer que cette carte est authentique. »[81]

L'auteur de ces lignes n'est pas n'importe qui, John Desalvo est directeur de la Great Pyramid of Gizeh Research Association qui s'emploie à mettre à la disposition du grand public les récentes découvertes concernant la Grande Pyramide. Depuis plus de vingt ans, il est vice-président d'ASSIST, une association d'universitaires chargés d'étudier le suaire de Turin. Cet ancien professeur de l'enseignement supérieur a déjà publié une série d'ouvrages sur des thèmes variés, entre autres le best-seller Decoding the Pyramids. Il s'intéresse de plus près aux Manuscrits de la mer Morte et travaille régulièrement en tant que speaker radiophonique.

Pour en revenir aux grottes, la grotte 4, découverte en 1954, fut celle qui compta le plus important grand nombre de fragments de manuscrits. Cette grotte fut d'abord explorée par des bédouins désirant revendre les textes au marché noir. On estime cependant le nombre des divers fragments retrouvés à 560 manuscrits originaux. Les archéologues ont consacré plus de six années à retirer tous les fragments encore présents dans la grotte 4.

Une cinquième grotte fut également découverte par les archéologues en 1952. On y a retrouvé les fragments de 30 manuscrits en très mauvais état. La grotte 6, découverte par

---

[81] John Desalvo, op.cit.

les bédouins comportait les fragments de 35 manuscrits. Peu de fragments ont été retrouvés dans les grottes 7 à 10. Le rouleau le plus long a été découvert dans la grotte 11, il s'agit du rouleau du temple. Longtemps caché par un cordonnier antiquaire de Bethléem, il fut récupéré par les autorités israéliennes en 1967.

Le judaïsme et les Esséniens

Première des religions monothéistes, dont l'histoire couvre plus de trois millénaires, le judaïsme débute en Mésopotamie, vers 1850 avant notre ère, lorsque Dieu se révèle à Abraham et conclut avec lui une alliance, lui promettant une nombreuse descendance et lui donnant l'ordre de quitter son pays et sa famille pour s'établir en Palestine, la terre promise.

Les descendants d'Abraham, les douze enfants de Jacob (fils d'Isaac et petits-fils d'Abraham), sont poussés par la famine à émigrer en Égypte. Après une période prospère, ils sont réduits à l'esclavage et menacés d'extermination. Au XIIIe siècle avant notre ère, Moïse reçoit de Dieu l'ordre de libérer son peuple du joug égyptien et de le ramener en Palestine. Sur le chemin de l'exode, au mont Sinaï, Dieu dicte à Moïse le Décalogue, les Dix commandements, gravés sur les tables de la Loi et énoncés par la Bible : « Je suis l'Éternel, ton Dieu ; Tu ne feras point d'idole ; Tu n'invoqueras point le nom de l'Éternel en vain ; Souviens-toi du jour du Sabbat ; Honore ton père et ta mère ; Tu ne commettras pas d'homicide ; Tu ne commettras pas d'Adultère ; Tu ne voleras pas ; Ne rends point contre ton prochain un faux témoignage ; Ne convoite pas la maison de ton prochain ; Ne convoite pas la femme de ton prochain. »[82] Ces lois fondamentales de l'Alliance entre Dieu et le peuple hébreu fondent la base de la Loi juive et sont à l'origine des Mitzvoth, ces 613 prescriptions d'ordre moral et pratique qui s'imposent aux Juifs. Les dix commandements sont alors gravés sur les tables de la Loi, conservées dans un coffret, l'Arche d'alliance, véritable sanctuaire portatif.

Le peuple juif s'installe ensuite sur la terre promise, l'actuelle Palestine. Au Xe siècle avant notre ère, David unifie le royaume d'Israël et conquiert Jérusalem. Son fils Salomon y fait construire le Temple, lieu de culte et de sacrifice, où est déposée l'Arche d'alliance. En 587 avant J.-C., Nabuchodonosor, roi de Babylone, mène une vaste campagne militaire contre ses voisins, dont le royaume d'Israël. Il détruit le temple de Jérusalem et déporte le peuple hébreu à Babylone. Autorisés à rentrer en Judée en 539, les Juifs reconstruisent une seconde fois le temple de Jérusalem.

L'environnement religieux qui marque l'histoire de Qumrân est celui du judaïsme issu des reformes menées au Ve siècle avant J.-C., après le retour de l'exil à Babylone. Le culte ancestral de Yahvé, à l'exclusion de toute autre divinité, s'organise autour de la Loi, du temple de Jérusalem et de l'institution sacerdotale. En parallèle, des traditions populaires et des archives officielles sont rassemblées et

---

[82] *La Bible de Jérusalem*, éditions du Cerf 2003.

forment l'ébauche de ce que deviendra la Bible. La Loi, Torah en hébreu, s'élabore autour de la figure fondatrice de Moïse. Les cinq livres qui la composent, en grec Pentateuque, codifient étroitement la spiritualité et la vie quotidienne des Juifs. Elle joue le rôle du Livre fondateur de l'identité religieuse et de l'appartenance au peuple juif.

La Torah, du verbe hébreu yaroh (enseigner, instruire), comprend les cinq premiers livres de la Bible (Genèse, Exode, Lévitique, Nombres et Deutéronome) écrits par Moïse mais qui lui ont été révélés par Dieu sur le mont Sinaï. La Torah est l'expression de la volonté divine. En ce sens la Torah désigne aussi la Loi, l'ensemble des règles qui s'imposent aux Juifs, dans tous les domaines de l'existence. Règles religieuses et morales, mais également civiles et pénales, qui guident l'homme dans sa vie quotidienne et ses rapports avec les autres.

Les Juifs croient en un Dieu unique, créateur de l'univers, de la terre et de l'humanité, qui régit le destin des êtres humains. Un Dieu transcendant, qui s'est révélé au peuple hébreu, lui a dicté sa loi et a conclu une alliance avec lui. Cette alliance fait du peuple juif, un peuple élu : le peuple de Dieu. Les Juifs attendent, pour la fin des temps, la venue d'un messie qui réparera les souffrances du peuple hébreu et apportera à l'humanité la paix et la justice éternelle.

Le temple de Jérusalem devient le lieu unique de la présence divine. Le culte de Yahvé y est régi par le clergé dans les règles strictes de la pureté rituelle. Il accomplit les sacrifices et les offrandes quotidiens, suivant le calendrier liturgique structuré par le sabbat hebdomadaire et marqué par les grandes fêtes annuelles. Le clergé, fortement hiérarchisé, comprend les prêtres qui règlent les liturgies, les lévites chargés des sacrifices et une multitude de chantres et de desservants. Leurs charges sont des monopoles familiaux qui se transmettent de génération en génération. Le corps sacerdotal dépend d'un conseil, le Sanhédrin, dirigé par le grand prêtre, qui est choisi dans la lignée de Sadoq, le prêtre s'étant rallié au roi Salomon. Les pouvoirs temporels et religieux sont répartis entre le roi et le grand prêtre. En l'absence d'institution royale, l'institution sacerdotale répond de l'ensemble de la communauté.

Après la conquête d'Alexandre le Grand, en 332 avant notre ère, la Judée, foyer du judaïsme, se heurte durant trois siècles aux volontés hégémoniques des royaumes hellénistiques d'Orient. Petite province dépourvue de puissance militaire respectable, la Judée est prise dans les rivalités territoriales des successeurs d'Alexandre le Grand qui se disputent la Syrie et la Palestine. La Judée devient successivement la possession de la dynastie lagide qui occupe l'Égypte, puis des rois séleucides qui règnent depuis Antioche sur la Syrie et l'Euphrate. Durant le IIIe siècle, la gestion lagide maintient l'autonomie de la Judée. Les Séleucides, qui dominent à compter de 200 avant notre ère, s'insinuent dans les affaires de la Judée et puisent dans son trésor. Leur politique, soutenue par l'aristocratie de Jérusalem, écarte de la grande prêtrise la famille des Salocides et suscite la colère des classes moyennes et populaires. Deux courants divisent alors la Judée. Les hellénistes, partisans des séleucides, sont prêts à renoncer aux coutumes juives pour adopter les modes de vie des

Grecs. Les hassidéens rassemblent ceux qui sont attachés à la tradition juive et exigent l'observance scrupuleuse de la Loi. La fréquentation des hellénistes et des païens constitue à leurs yeux une menace pour la religion juive.

En 167 avant notre ère, le roi séleucide Antiochos IV impose le Dieu Zeus olympien dans le temple de Jérusalem, forme hellénisée de Baal Shamin, le dieu syrien du ciel et de la fécondité. Sa présence est ressentie comme une profanation du temple, ce qui déclenche une révolte générale, religieuse et militaire, menée par une famille de Môdin, à 25 kilomètres à l'ouest de Jérusalem, descendant d'un ancêtre éponyme, Asmon. Inspirée par le prêtre Mattathias, la révolte est dirigée par ses cinq fils, sous la conduite du second Judas, dit Maccabée. Avec l'appui des hassidéens, elle aboutit trois années après à la libération du temple. La résistance poursuit sa lutte contre le pouvoir séleucide, sur un plan politique. Aux pris de compromis, qui froissent les plus religieux, la dynastie asmonéenne restaure l'autonomie territoriale et obtient finalement l'indépendance de la Judée. Elle instaure en 104 avant notre ère une monarchie juive qui adopte paradoxalement l'hellénisme et se réserve la charge de grand prêtre, rompant avec la tradition salocide. Le courant hassidéen s'emporte, criant à l'usurpation, les puristes s'indignant du cumul illégal des charges royale et sacerdotale.

En 63 avant notre ère, le général romain Pompée s'empare de la Judée et met fin à l'état juif. Rome favorise l'ascension d'Hérode, fils d'une puissante famille originaire de la province d'Idumée, fortement hellénisée. En 37 avant J.-C., Hérode prend le pouvoir, restaure le royaume de Judée et se met sous la dépendance de la tutelle romaine. Son régime autoritaire, la romanisation du royaume, son impiété notoire et son ascendance étrangère (nabatéen par sa mère) heurtent les Juifs traditionalistes. Pour les amadouer, il rénove somptueusement le temple de Jérusalem.

En l'an 6 de notre ère, à la suite de la conflictuelle succession d'Hérode, décédé deux années auparavant, la Judée est annexée à la province romaine de Syrie. La pression fiscale et la gestion brutale des gouverneurs enveniment les relations entre la population locale et l'autorité romaine. L'obligation du culte impérial, pierre angulaire de la politique unificatrice de Rome, suscite chez les religieux juifs une condamnation sans appel. Une vague de prophétisme messianique annonce la fin des temps et la venue d'un libérateur pour Israël. Les mouvements patriotiques entretiennent un climat d'insurrection latente. La résistance tourne à la guerre civile à compter de 66 de notre ère. Rome envoie d'importantes troupes et reconquiert la Galilée sous la conduite de Vespasien. Son fils Titus assiège Jérusalem et incendie le temple le 9 août 70, causant ainsi la fin du royaume de Judée. La dernière résistance juive se poursuit dans la forteresse de Masada et succombe en 73, après une résistance héroïque. Un groupe de pharisiens parvient à se replier près de Jaffa. La Judée en ruine attend cinquante ans avant que débute une seconde révolte, sous le règne de l'empereur Hadrien. Simon Ben Kosiba reconnu par certains comme messie d'Israël, reprend le combat contre Rome. Trois années de guérilla, engagée à partir de refuges disséminés dans les contreforts du désert de Judée, mettent les troupes romaines en difficulté. L'insurrection est cependant écrasée en 135. Jérusalem est alors interdite aux Juifs.

Le judaïsme trouve néanmoins un nouveau souffle en Galilée à Tibériade. Des écoles rabbiniques fleurissent et jettent les bases d'un judaïsme talmudique, recentré sur la synagogue et sous l'autorité des rabbins.

Entre le IIe siècle avant notre ère et le Ier siècle après, le judaïsme est marqué par l'éclosion de plusieurs courants qu'il convient d'examiner. Les pharisiens sont connus en tant que parti dissident depuis le règne de Jean Hyrcan, et déjà même sous Jonathan dans la seconde moitié du IIe siècle avant J.-C. Le groupe rassemble des docteurs de la loi juive qui ne croient qu'avec scepticisme à l'imminence du royaume de Dieu, marquée par la venue d'un messie. Les sources rabbiniques distinguent deux groupes parmi les pharisiens au temps d'Hérode : les hilléites et les shammaïtes, les premiers montrent plus de souplesse que les seconds dans l'interprétation de la Loi et l'observance des règles pour l'ensemble des Juifs.

Les sadducéens, dont le groupe est fondé au IIe siècle avant J.-C., se montrent moins indulgents que les pharisiens au sujet de l'interprétation des textes religieux. Ils nient l'immortalité de l'âme et la résurrection, l'existence des anges. Cette aristocratie sacerdotale, hostile aux classes populaires, se montre favorable à l'hellénisme, ce qui ne l'empêchera pas de succomber sous la répression romaine de 70 de notre ère.

Les zélotes apparaissent au début de l'ère chrétienne. Ce groupe rassemble surtout des personnes des classes populaires autour d'idéaux religieux et politiques de retour à la stricte observance des lois juives et de la conquête de l'indépendance nationale en expulsant les occupants gréco-syriens et les Romains. Ces guerriers sont à l'origine de la révolte de 66 après J.-C. contre l'empereur Néron. La prise de Massada par les zélotes s'accomplit dans un bain de sang où périssent les soldats de la garnison romaine. À Jérusalem, les zélotes prennent le contrôle du temple et celui de la ville basse, puis celui de la ville haute. Ils s'emparent de la forteresse Antonia et en massacrent les troupes romaines. « Grâce aux armes pillées dans l'arsenal de Massada, ils avaient l'air si menaçant que les Juifs modérés et soldats romains avaient couru se réfugier dans le palais d'Hérode avant de capituler. Les seuls Juifs eurent la vie sauve », écrivent Farah Mébarki et Émile Puech.[83]

Les zélotes se divisent ensuite, entre les partisans de Menahem et eux d'Eléazar qui réprouvent la folie des grandeurs du premier. Eléazar et ses fidèles ont le dessus et tuent Menahem, ainsi que la plupart de ses hommes. Les survivants du carnage se réfugient à Massada. Eléazar et ses guerriers s'en prennent ensuite aux dernières troupes romaines. Cernés, les Romains acceptent de capituler en échange de la vie sauve, mais Eléazar ne tient pas parole : les armes déposées, les Romains sont massacrés un jour de sabbat. La riposte romaine ne se fait pas attendre. Les Juifs de Césarée sont massacrés et la région est dévastée par les troupes romaines. L'armée de Titus Flavius Vespasien

---

[83] Farah Mébarki et Émile Puech, op.cit.

encercle les survivants zélotes à Massada, qui tombe finalement en 73 de notre ère.

Les esséniens vivent en communautés monastiques le long de la mer Morte et certains villages de Judée. Les auteurs anciens comme Pline l'Ancien, Philon d'Alexandrie et Flavius Josèphe, qui ont vécu au Ier siècle de notre ère, à l'époque de la communauté essénienne de Qumrân, soulignent la vie singulière de ce groupe avec une sincère admiration : les esséniens vivent en célibataires, partagent leur biens et leur idéal de sainteté dans une ascèse et une exigence pointilleuse de pureté. Ils forment une communauté hiérarchisée, où l'on n'entre qu'au terme d'une longue probation, et dont les membres sont soumis à une règle stricte. Leurs journées sont marquées par la prière, la contemplation, l'étude des textes religieux et l'exercice d'un métier. Ils croient à la résurrection, à l'immortalité de l'âme, à la prédestination et au messianisme. Ils respectent le repos du sabbat, pratiquent certains sacrifices. Thérapeutes, ils savent guérir l'âme et le corps. Favorables à l'astrologie, ils partagent certains croyances religieuses avec les pharisiens de leur époque, mais s'en éloignent à d'autres égards. Ils croient en un Dieu unique, aux anges, à la Torah et en de nombreuses idées issues directement de la Bible et au Mal, se considèrent comme les Fils de la Lumière, s'opposant aux Fils des ténèbres. Ils croient à la venue de deux messies, un messie politique et une messie religieux. Les esséniens ne suivent pas les pratiques du temple de Jérusalem, qu'ils considèrent comme perverties et corrompues.

Flavius Josèphe, historien juif du premier siècle, écrit au sujet des esséniens :

« Les pharisiens considèrent que certains événements sont l'œuvre de la destinée, pas tous… Quant à la secte des esséniens, elle déclare que la destinée est la maîtresse de toute chose et que rien ne peut advenir à l'homme qui ne soit conforme à son décret. Les sadducéens, par contre, ne font aucun cas de la destinée et estiment que toute chose est en notre pouvoir. »[84]

Pline l'Ancien (23-79 après J.-C.) écrit de son côté :

« À l'ouest de la mer Morte vit la tribu solitaire des esséniens, qui se distingue notablement de toutes les autres tribus du monde entier, puisqu'elle ne compte aucune femme et a renoncé à l'argent, de même qu'à tout désir sexuel, et vit avec les palmiers pour toute compagnie. Jour après jour, l'afflux constant de réfugiés est alimenté par de nombreuses adhésions de personnes lasses de l'existence et que le sort conduit à rejoindre la communauté et à adopter son mode de vie. Des millénaires durant une race sans enfants se perpétue ainsi indéfiniment : la lassitude existentielle des autres est tellement prolifique pour cette communauté ! Les esséniens vivent aujourd'hui sur les restes de l'ancienne ville d'Engedi, dont les terres fertiles et la palmeraie n'étaient surpassés que par celles de

---

[84] Archives de l'École biblique et archéologique française de Jérusalem.

Jérusalem, aujourd'hui réduite en cendres, comme à Jérusalem. »[85]

Avant sa destruction par les Romains en 68 de notre ère, le site de Qumrân est une colonie pacifique. Il semble que le groupe essénien ait quitté Jérusalem pour s'établir sur le site, chois pour sa situation retirée du monde extérieur. « À l'époque, écrit John Desalvo, nombre de personnes, de groupes et de sectes gagnaient le désert et les espaces naturels pour mener une vie religieuse solitaire dans un lieu propice à la quête de Dieu, à la prière et à la médiation. »[86]

La structure hiérarchique de la communauté essénienne est attestée par la disposition des sièges dans leurs assemblées que mentionnent les manuscrits. À la tête de cette structure siège le maître, suivi des prêtres et des aînés, puis du reste de la congrégation. La communauté possède un responsable des finances, qui gère les biens de la communauté. Les gains des novices doivent lui être versés. La communauté compte un conseil composé de douze membres et de trois prêtres, dont l'ensemble observe de nombreuses règles religieuses et séculières. Les personnes souhaitant devenir membre de la communauté sont soumises à une période d'initiation de trois années. Il existe une période probatoire durant laquelle les prétendants sont libres de partir avant tout engagement réel. Ils reçoivent une

---

[85] Archives de l'École biblique, idem.

[86] John Desalvo, op.cit.

formation aux règles communautaires et sont progressivement intégrés à la communauté. Le candidat est tenu de céder au groupe tous ses biens matériels et financiers lors de la seconde année.

Malgré les désaccords entre spécialistes des esséniens, il semble que la communauté principale du site ait été composée exclusivement d'hommes célibataires au début. Certaines preuves attestent cependant la présence de femmes et d'enfants susceptibles d'avoir joué un rôle. Des historiens estiment que les membres mariés ne vivaient pas sur le site principal, mais dans les camps voisins. S'ils respectés nombre de règles de la congrégation, ils bénéficiaient d'une certaine liberté, tout en faisant partie intégrante de la communauté. Le groupe se signale par un partage total, une tenue vestimentaire simple et sans effet, une vie de prière et de contemplation. Les esséniens ne possédaient pas d'esclaves.

Les Manuscrits de la mer Morte font apparaître que cette communauté croyait en l'existence d'un plan divin exercé par Dieu. Le mal même dépend du contrôle du plan divin et sera à terme vaincu par Dieu. La lutte entre les esprits du bien et du mal se produit non seulement sur terre, mais également dans l'au-delà, au royaume des anges. Le crachat compte parmi les pratiques surprenantes dévoilées par les Manuscrits de la mer Morte. Ils devaient cependant éviter de cracher à droite au milieu des gens.

D'après John Desalvo, les esséniens semblaient pratiquer une forme d'invocation angélique. Dans le cadre de leurs pratiques ésotériques figurent la divination ou la prophétie, l'utilisation de plantes et une forme de spiritualisme, en ce sens qu'ils croyaient en l'immortalité de l'âme.

Les textes des Manuscrits de la mer Morte évoquent un certain nombre de personnages réels ou allégoriques, dont le rôle semble essentiel à la communauté de Qumrân. Le Document de Damas mentionne une personnalité importante présentée sous le nom de Maître authentique ou Maître de justice. Le texte raconte que Dieu suscita pour un groupe de Juifs au cœur parfait un Maître de justice pour les conduire dans la voie chère de son cœur. Ce Maître est le guide spirituel, l'élu divin, de ces parfaits qu'on peut identifier comme la première génération des esséniens : « Dieu a établi le Prêtre, le Maître de justice pour bâtir pour Lui la congrégation. »[87] Le Maître, d'origine sacerdotale est bien à l'origine de la communauté : « Le Maître de justice, à qui Dieu a fait connaître tous les Mystères des paroles de Ses serviteurs les Prophètes. »[88]

Les historiens estiment que le Maître est l'auteur, en partie au moins, d'ouvrages esséniens retrouvés dans les grottes, comme les Règles et les Hymnes. Ce dernier texte relate notamment l'histoire d'un élu de Dieu comblé de grâces qui correspondent aux qualités du Maître : « Depuis mon enfance Tu t'es manifesté à moi dans la sagesse de tes préceptes, tu m'as donné le soutien d'une foi immuable et tu m'as réjoui par ton esprit saint et jusqu'à ce jour Tu m'as

---

[87] Archives de l'École biblique, idem.

[88] Archives de l'École biblique, idem.

conduit. Tu as fait de moi un signe de ralliement pour les élus de justice et l'interprète autorisé des mystères impénétrables. Je suis un témoin à charge pour les interprètes de mensonge et un accusateur pour tous les voyants à courte vue. Par moi tu as donné la lumière à un grand nombre et tu as manifesté ta puissance incommensurable, parce que tu m'as instruit de tes mystères impénétrables. Tu m'as fait père pour les enfants de piété. »[89] Le tire de Maître de justice a pu s'appliquer non seulement au fondateur de la communauté, mais encore, après sa mort, à ceux qui lui succédèrent à la direction de l'établissement de Qumrân.

Le Commentaire d'Habaquq de la grotte 1 présente une figure antagoniste au Maître de Justice, à savoir le prêtre impie, qui a d'abord exercé son pontificat dans l'honnêteté, puis a choisi une voie condamnable par la loi : « Il fut appelé du vrai nom au début de son avènement mais après qu'il eut gouverné en Israël, son cœur s'enorgueillit, il abandonna Dieu, il trahit les lois par amour de la richesse. »[90] Le texte précise le détail de ses actes de cupidité, comme le vol de vases et d'ustensiles sacrés du temple de Jérusalem. Deux manuscrits de la grotte 4 donnent le nom de ce prêtre impie, un certain Jonathan Maccabée. Or le premier livre des Maccabées, de tendance pharisienne, présente bien entendu Jonathan sous un angle plutôt favorable : il est le prêtre guerrier qui se bat pour

---

[89] Archives de l'École biblique, idem.

[90] Archives de l'École biblique, idem.

l'indépendance de son peuple, faisant main basse sur une partie du trésor du temple de Jérusalem pour financer sa reconstruction et entretenir une armée. « Utiliser le trésor à des fins guerrières ou politiques était une attitude politiquement compréhensible mais indigne et répréhensible du point de vue de la Loi religieuse », écrivent Farah Mébarki et Émile Puech.[91] Selon le Commentaire d'Habaquq, le prêtre impie n'est pas uniquement avide de richesse, mais également ivrogne.

Le Document de Damas et la Règle de la Communauté présentent un certain nombre de personnages importants au sein de la communauté essénienne de Qumrân, on y trouve la fonction de super intendance exercée par un prêtre maîtrisant « tous les secrets des hommes et toutes les langues que parlent leurs divers clans ».[92] Âgé de trente à cinquante ans, il fait autorité lors des réunions, donnant l'ordre d'entrer à chaque membre, recueillant de chacun ce qu'il a à dire « concernant tout procès et jugement ».[93] Il inspecte le travail et les actes des contrôleurs locaux. Il décide d'admettre ou non dans la communauté tout homme d'Israël désireux de la rejoindre de son propre gré. Les conseillers de la communauté, sont sélectionnés parmi les plus vertueux et les plus sages. Le conseil est composé d'un collège de douze hommes et trois prêtres, afin de faire pratiquer la vérité et la justice, la charité affectueuse et

---

[91] Farah Mébarki et Émile Puech, op.cit.

[92] Archives de l'École biblique, idem.

[93] Archives de l'École biblique, idem.

l'humilité de conduite. Ces élites doivent veiller, par leur comportement exemplaire, à faire des disciples et guider les esséniens sur la voie la plus juste. Parmi la Règle de la Communauté se trouve celle de l'Instructeur, un sage qui doit instruire tous les membres de la communauté. Ce personnage est surtout chargé de l'éducation des nouveaux membres dans la discipline, le règlement et les rites.

Les esséniens pensent qu'ils vivent une période charnière, une période d'épreuves pour les justes et ils attendent comme imminentes la fin du règne des Ténèbres et la venue du règne éternel de la Lumière. « En général, écrivent Farah Mébarki et Émile Puech, le dualisme Lumière et Ténèbres à Qumrân, trouve son parallèle le plus proche dans la pensée iranienne, mais il est déjà possible de découvrir dans la Bible hébraïque des traces de dualisme similaire à celui de Qumrân. Ainsi, l'idée que Dieu a créé le bien et le mal, est exprimée en Isaïe 45,7. »[94]

Le mouvement essénien n'a pas survécu à la destruction du temple de Jérusalem en l'an 70.

---

[94] Farah Mébarki et Émile Puech, op.cit.

DU MÊME AUTEUR

L'Italie en guerre 1915-1918. Éditions Ulysse 1986.

Les guerres de Mussolini. Éditions Jacques Grancher 1988.

Connaître les châteaux du Périgord. Éditions Sud-Ouest 1989.

La Résistance dans le Sud-Ouest (préface de Jacques Chaban-Delmas). Éditions Sud-Ouest 1989.

L'épopée du corps franc Pommiès. Éditions Jacques Grancher 1990.

Le Sud-Ouest mystérieux. Éditions Sud-Ouest 1990.

L'affaire Grandclément. Éditions Sud-Ouest 1991.

Le livre d'or de la Résistance dans le Sud-Ouest. Éditions Sud-Ouest 1991.

Bordeaux pendant l'occupation. Éditions Sud-Ouest 1992.

Les contes populaires de toutes les Pyrénées. Éditions Sud-Ouest 1992.

Les grands crimes du Sud-Ouest. Éditions Sud-Ouest 1993.

Les FFI au combat. Éditions Jacques Grancher 1994.

Souvenirs de la guerre 1939-1945. Éditions Sud-Ouest 1995.

La montagne de lumière (roman). Éditions Lucien Souny 1995.

Gabriele d'Annunzio en France 1910-1915. Éditions J/D 1997.

Mussolini. Éditions Chronique 1997.

Rommel. Éditions Chronique 1998.

La poche du Médoc 1944-1945. Éditions CMD 1998.

Jacques Chaban-Delmas. Éditions CMD 1998.

Bordeaux et Arcachon à la Belle Époque. Éditions CMD 1998.

Bordeaux brûle-t-il ? La libération de la Gironde 1940-1945. Éditions Les Dossiers d'Aquitaine 1998.

Biarritz à la Belle Époque. Éditions CMD 1998.

Les corridas de Bayonne. Éditions CMD 1999.

Bordeaux, la base sous-marine 1940-1944. Éditions CMD 1999.

Bernadette Soubirous. Éditions CMD 1999.

Les échassiers des Landes. Éditions CMD 1999.

Périgord, l'aventure de la Préhistoire. Éditions CMD 1999.

Périgord, histoire de la truffe. Éditions CMD 1999.

Histoire de la France militaire et résistante. Éditions du Rocher 2000.

Aquitaine, histoire de la Résistance. Éditions CMD 2000.

Limousin, histoire de la Résistance. Éditions CMD 2001.

Orthon le farfadet et autres histoires mystérieuses de l'Aquitaine. Éditions du Rocher 2001.

Jean-Pierre Schnetzler, itinéraire d'un bouddhiste occidental. Éditions Desclée de Brouwer 2001.

L'affaire Bentzmann 1939-1945. Éditions les Chemins de la Mémoire 2002.

La poche de Royan 1939-1945. Éditions les Chemins de la Mémoire 2002.

Les combats victorieux de la Résistance dans la libération 1944-1945. Éditions du Cherche Midi 2002.

Les voies de la sérénité, les grandes religions et l'harmonie intérieure. Éditions Philippe Lebaud 2002.

Regards chrétiens sur le bouddhisme, de la diabolisation aux convergences. Éditions Dervy 2002.

Histoires mystérieuses du Sud-Ouest. Éditions les Chemins de la Mémoire 2002.

La bataille des cadets de Saumur, juin 1940. Éditions les Chemins de la Mémoire 2002.

La libération du Sud-Ouest 1944-1945. Éditions les Chemins de la Mémoire 2003.

Le grand livre des fantômes. Éditions Trajectoire 2003.

Lama Namgyal, vie et enseignement d'un moine bouddhiste occidental. Éditions les Presses de la Renaissance 2003.

Arcachon : pages de son histoire. Éditions les Chemins de la Mémoire 2003.

Visite historique de Bayonne. Éditions les Chemins de la Mémoire 2003.

Visite historique de Biarritz. Éditions les Chemins de la Mémoire 2003.

Visite historique de Bordeaux. Éditions les Chemins de la Mémoire 2003.

Visite historique du Bassin d'Arcachon. Éditions les Chemins de la Mémoire 2003.

Les plages du débarquement. Éditions les Chemins de la Mémoire 2003.

La France combattante de la victoire 1944-1945. Éditions les Chemins de la Mémoire 2003.

La Poche de la Rochelle 1944-1945. Éditions les Chemins de la Mémoire 2003.

Rommel (biographie), la fin d'un mythe. Éditions du Cherche Midi 2003.

Les Chercheurs d'Absolu. Éditions du Félin 2003.

Lama Guendune, un grand maître tibétain en France. Éditions Oxus 2003.

Les vies antérieures, des preuves pour la réincarnation. Éditions du Félin 2004.

Histoire de la presse en France. Éditions de Vecchi 2004.

Les voies spirituelles du bonheur (yoga, bouddhisme, oraison, soufisme). Éditions inFolio 2005.

Les Jésuites. Éditions de Vecchi 2005.

Comme des lions, Le sacrifice héroïque de l'armée française en mai-juin 1940. Éditions Calmann Lévy 2005.

Les Templiers. Éditions de Vecchi 2005.

Les grandes affaires de la Résistance. Éditions Lucien Souny 2005.

La Réincarnation, histoires vraies. Éditions Trajectoire 2006.

Les Missionnaires. Éditions de Vecchi 2006.

C'est nous les Africains, l'épopée de l'armée française d'Afrique 1940-1945. Éditions Calmann Lévy 2006.

Histoires extraordinaires du bouddhisme tibétain. Éditions InFolio 2006.

Les grands ordres militaires et religieux. Éditions Trajectoire 2006.

Histoires extraordinaires de la Seconde Guerre mondiale. Éditions Lucien Souny 2006.

Jean Moulin. Éditions Infolio 2007.

La dérive intégriste. Éditions Acropole 2007.

La libération de la France. Éditions Lucien Souny 2007.

Lieux de pèlerinages et grandes processions. Éditions Trajectoire 2007.

Mers el-Kébir, juillet 1940. Éditions Calmann-Lévy 2007.

Lourdes la miraculeuse. Éditions Trajectoire 2008.

Les poches de l'Atlantique 1944-1945. Éditions Lucien Souny 2008.

Les 35 plus grandes affaires criminelles. Éditions Trajectoire 2008.

La guerre italo-grecque 1940-1941. Éditions Calmann-Lévy 2008.

Les victoires militaires françaises de la Seconde Guerre mondiale. Éditions Lucien Souny 2009.

La bataille de Bir Hakeim, une résistance héroïque. Éditions Calmann-Lévy 2009.

Convergences chrétiennes et bouddhistes. Éditions Oxus 2009.

Les grandes figures de la Résistance. Éditions Lucien Souny 2009.

Les mystères des manuscrits de la mer Morte. Éditions de Vecchi 2009.

Les mystères des prophéties. Éditions de Vecchi 2009.

Spectres, esprits et apparitions. Éditions de Vecchi 2009.

Le bouddhisme vu par la science. Éditions Oxus 2010.

La bataille de France jour après jour mai-juin 1940. Éditions Le Cherche Midi 2010.

Croyances et légendes populaires. Éditions de Vecchi 2010.

La bataille de Stonne, Ardennes 1940. Éditions Perrin 2010.

L'apport capital de la France dans la victoire des Alliés, 1914-1918 et 1939-1945. Éditions Le Cherche Midi 2011.

La bataille de Dunkerque 26 mai – 4 juin 1940. Éditions Tallandier 2011.

39-45 Les soldats oubliés, ceux dont l'Histoire ne parle plus. Éditions Jourdan 2012.

L'armée française pour les Nuls. Éditions First 2012.

Koenig, l'homme de Bir Hakeim. Éditions du Toucan 2012.

La libération de la France jour après jour 1944-1945. Éditions Le Cherche Midi 2012.

Histoire générale de la Résistance française. Éditions Lucien Souny 2012.

La Résistance. Éditions Gründ 2012.

La Gestapo et les Français. Éditions Pygmalion 2013.

Légendes et fadaises de la Seconde Guerre mondiale. Éditions Jourdan 2013.

Histoires extraordinaires de la Résistance française. Éditions Le Cherche Midi 2013.

La Résistance pour les nuls. Éditions First 2013.

Fiers de notre histoire. Éditions First 2013.

Les Crimes nazis lors de la Libération de la France 1944-1945. Éditions Le Cherche Midi 2014.

12 Trains qui ont changé l'Histoire. Éditions Pygmalion 2014.

La bravoure méconnue des soldats italiens 1914-1918 & 1939-1945. Éditions Altipresse 2014.

Gabriele d'Annunzio ou le roman de la Belle Époque. Éditions Le Rocher 2014.

Les opérations commandos de la Seconde Guerre mondiale. Nouveau Monde éditions 2014. Nouvelle éditions en Poche 2016.

Les grandes figures de la Résistance française. Éditions Sud-Ouest 2014.

Combats oubliés, résistants et soldats français dans les combats de la Libération 1944-1945. Éditions du Toucan-L'Artilleur 2014.

Éloge de l'armée française. Éditions Pierre de Taillac 2014.

La France s'est faite à coups d'épée, l'épopée des grandes batailles d'Hastings à la Libération. Éditions Armand Colin 2015.

Histoires extraordinaires de la guerre aérienne 1939-1945. Éditions JPO 2015.

Histoires incroyables et héroïques de la Résistance. Éditions JPO 2015.

Bordeaux sous l'Occupation. Geste éditions 2015.

Alain Juppé sans masque. Éditions First 2016.

Histoires extraordinaires de la Seconde Guerre mondiale. Éditions Le Cherche Midi 2016.

Histoires incroyables de la guerre 1939-1945. Métive éditions 2016.

Petite histoire du Pays basque. Geste éditions 2016.

La poche du Médoc 1944-1945. Geste éditions 2016.

La libération du Sud-Ouest. Geste éditions 2016.

Les grandes affaires d'espionnage de la Ve République. Éditions First 2016.

Histoire du Pays basque. Geste éditions 2016.

Le mythe du sauveur américain 1917-1918, essai sur une imposture historique. Éditions Pierre de Taillac 2017.

Jean-Claude Hubert, souvenirs de guerre d'un résistant, contre-espion et commando 1939-1945. Geste éditions 2017.

La Charente sous l'occupation. Geste éditions 2017.

Le Pays basque sous l'occupation. Geste éditions 2017.

Le Lot-et-Garonne sous l'occupation. Geste éditions 2017.

Les Landes sous l'occupation. Geste éditions 2017.

Les 100 000 collabos, le fichier interdit de la collaboration française. Éditions Le Cherche Midi 2017.

Ces chrétiens qui ont résisté à Hitler. Éditions Artège 2018.

SS français, récits, lettres et témoignages inédits de la SS Charlemagne. Éditions Jourdan 2018.

Nouvelles histoires extraordinaires de la Résistance, 16 récits inédits de héros qui ont sauvé la France. Éditions Alisio-Leduc 2018.

Les années interdites. Auteurs, journalistes et artistes dans la Collaboration. Éditions de l'Archipel 2018.

Les grandes affaires de la Libération 1944-1945. Éditions Alisio 2019.

Les vérités cachées de la Seconde Guerre mondiale. Éditions du Rocher 2019.

Histoires extraordinaires de miracles et d'apparitions. Enquêtes et récits sur l'invisible dans les traditions chrétiennes et bouddhistes. Éditions Leduc.s 2019.

Jésus l'universel, l'histoire d'un message spirituel. Éditions Alisio 2019.

L'imposture du sauveur américain 1917-1918 / 1941-1945. Éditions Le Retour aux sources 2020.

Albert Roche, premier soldat de France. Éditions *Le Retour aux sources 2020.*

Les victoires françaises de 1914 à nos jours. Éditions *Le Retour aux sources 2020.*

Les grandes batailles de la Première Guerre mondiale. Éditions Le Retour aux sources 2020.

Le Retour aux Sources éditeur

www.leretourauxsources.com

www.ingramcontent.com/pod-product-compliance
Lightning Source LLC
Chambersburg PA
CBHW070736160426
43192CB00009B/1456